利権のト

クル

Hara Eiji
原英史

Takahashi Yoichi
髙橋洋一

産経セレクト

S-034

# はじめに――髙橋洋一

## スジが違う外国人労働者問題

外国人労働者問題などで、なぜ日本の議論は本質からズレるのか、との問題意識がまずあった。

外国人技能実習制度適正化法（技能実習法）と出入国管理及び難民認定法（出入国管理法）などの改正が２０２４年４月、衆議院補欠選挙と並行して国会で審議されていた。いわゆる外国人労働者問題だ。

どのような制度改正が行われるのか。まず、「技能実習」を廃止し、「育成就労」とするとしている。次に、育成就労は試験などの条件を満たせば最長5年就労できる特定技能「1号」、その後に在留資格の更新に制限がない「2号」になることも可能だ。

「2号」は家族を帯同でき、将来は永住権も申請できるとしている。
これで、永住者は増加するので、税金や社会保険料の未払いなどがある永住者について、国内での在留が適当でないと判断すれば許可を取り消すこともできるようになる。

一見すると、今の悪名高い「技能実習」がなくなるので、いい改正にみえる。もっとも、これまでの「技能実習」は「国際貢献」を建前として、本音は「安価な労働力としての外国人受け入れ」だったが、今回の改正で、本音が前面に出てきただけだ。

その点を評価する人は多い。本音と建前が一致したので、一歩前進という。しかし、筆者が思うに、育成就労（前の技能実習）から特定技能、さらに永住権という流れは問題だ。建前はデタラメだが、前の技能実習のように期限が来たらいったん帰国してもらうほうが先進国の制度としてはスジだ。

先進国なら、外国人の受け入れは、短期と長期に峻別されている。それが、今回の改正では、育成就労（前の技能実習）から特定技能、さらに永住権という流れがあり、その間に試験等の条件があるとはいえ、短期と長期の峻別がなし崩しになっている。滞在期間のなし崩し的な延長の流れがあるので、実質「移民法」に見えるわけだ。

今回の制度改正のベースになっているのは、2023年11月30日に出された法務省の報告書だ。これには「外国人との共生社会の実現」を目指すと書かれているが、これは周回遅れの政策だ。今、欧米では共生社会を目指したツケが出ている。一部の国とは文化・風習が違いすぎるので、共生はできず、外来種に在来種が駆逐されるような事態が起きている。

百歩譲って、外国人の受け入れが経済成長に資するのであれば、いろいろな対応ができるだろう。一般的に外国人を受け入れると国内の社会保障制度へのマイナスのダメージがあるが、経済成長してマイナス面を補うのであれば、外国人受け入れという対応はあり得る。

そこで、移民人口比と経済成長の関係を国連のデータで調べてみた。ここ最近2010―2022年の平均データによって各国の移民人口比と経済成長の関係をみると、移民人口比が高くなると経済成長するとはいえない。

## 圧力団体と左派の結論ありき

しかし、国際機関のレポートでは、先進国に限れば移民は経済成長に資するということが書かれているのだ。そこで、筆者も先進国に絞ったり計測期間を変えたりして、移民人口比と経済成長の関係を調べてみたが、どれも五十歩百歩だった。筆者の直感では、かなりのトリッキーな前提なしで移民を経済成長に繋げることはできないと思う。

おそらく、企業にとっては外国人受け入れは安価な労働力になりプラスであるが、業界の賃金が上昇しなかったり、社会保障のコストが高まったりするなどのマイナス面が働き、全体としてはプラスにならないのだろう。こうした点を踏まえて、筆者は2018年の入管法改正にも反対した。

外国人受け入れについては一部経営者は熱心に推すが、これは自社経営に有利になるからだ。この人たちは自民党の圧力団体のようになって、移民法化を勧める。しかし、社会全体としてはいかがなものか。

さらに、左派の人は共生社会を当然という。実際、民主化の度合いが高まると外国人受け入れが多くなる傾向が先進国ではあるが、それに見合ったものであるのかどうか。欧米諸国では、共生社会はとっくに幻想であることがわかり、外国人受け入れへの熱はかつてほどではなくなっている。

移民推しの学者はだいたい左系の社会学者だ。移民と経済成長の関係について、筆者のような数量分析ではなく、せいぜい個別の国のケーススタディで結論を導く。これだと、はじめに答えありき、しかも共生社会はいいものであるとの大前提になっていることがしばしばだ。それをマスコミが喧伝する。

筆者の観点からは、少なくとも外国人の受け入れでは社会保障の適用などについて原則相互主義を導入すべきだと思っている。でないと、外来種に在来種が駆逐されるように、日本の文化、社会や社会保障が崩壊させられてしまう。

実のところ筆者は、欧米から共生社会を言われたくない。南米と中米、北米大陸を植民地化した欧州からの移民は、100年あまりの間におよそ5600万人の先住民を殺害したといわれる。まさに外来種が在来種を駆逐した歴史だ。欧米では、そうした反省というか、自分達の暗黒史を隠すために共生社会という口当たりのいい言葉を使っているフシがある。しかし、今や自分達がやってきたことが巨大なブーメランになって返ってきている。

日本ではそうした悲惨な歴史ほとんどないので、あえて共生社会なぞいわなくてもいいと思っている。

日本の議論が本質からズレて、政策が周回遅れになるのは、今、述べてきたような構造があるからだ。圧力団体と役所と議員、そして結論ありきの左派マスコミがつくる構造だ。

本書は、原英史さんの裁判について、いかにマスコミも国会議員もひどかったかを後世に残したいため執筆した。これはじっくり本書を読んでいただけたらと思う。

実は筆者も危うく原さんと同じ立場に立たされるところだった。原さんを取材した毎日新聞の記者は、筆者と筆者の職場にも取材した。原さんの案件ではなく、筆者の所属する大学が国家戦略特区に関係しているとの件だった。そんな事実はまったくなかったのだが、かなりの周辺取材があり、筆者のまわりも辟易していた。一時は記事化されることを覚悟していたが、SNS（ソーシャル・ネットワーキング・サービス）における原さんの強烈な反論などで、筆者の件は結果として記事化されなかったのだろう。あえて原さんと筆者の違いを言えば、原さんは政府の審議会委員で、筆者はまったくの無役だったことだろう。

筆者の件でも、本書で明らかにしたように、マスコミと国会議員がつるんでいた。

マスコミから入れ知恵された国会議員が質問し、それをマスコミが大きく報道するというスタイルのようだった。

しばしば「火のないところに煙は立たない」というが、マスコミと国会議員がつるむと違う。火のないところにも火をつけて火事にできるのだ。

まったくおそろしい時代になったが、いいこともある。今やSNSを使って、個人でも巨大組織のマスコミや巨大権力の国会議員とも闘える。原さんの勝訴はその闘いの結果でもある。

2024年5月末

髙橋洋一

# 利権のトライアングル◎目次

肩書きや数字などは出版時点のものです。

装　丁　神長文夫＋柏田幸子
DTP　荒川典久

# 第1章　毎日新聞による報道被害

## 毎日新聞の名誉毀損報道

**髙橋**　原さん、毎日新聞との裁判、そして立憲民主党の森ゆうこ前参議院議員と篠原孝衆議院議員との裁判、本当にお疲れさまでした。

**原**　毎日新聞を訴えてから、実に4年半かかりましたが、原告勝訴で不当な名誉棄損報道だったことが確定しました。また、毎日新聞の記事に乗じて国会質問を行った上、私の自宅住所を自身のブログで公開した森ゆうこ前参院議員（提訴当時は現役参院議員、2022年の参院選で落選）、やはり自身のブログで私を誹謗中傷した篠原孝衆院議員についても名誉棄損が確定したことで、ようやく一区切りつきました。

判決には納得のいかない部分も残っていますが、一応、毎日新聞の記事はアーカイブから削除されました。後は国会で私に対する虚偽の情報を質疑したことで、それが国会議事録に残ってしまった部分の削除を求めて行こうと思っています。

**髙橋**　この件に関しては私も相当、怒りを覚えていたんです。毎日新聞の記事は全くひどいものでしたし、毎日新聞の記事に乗じて、原さんに対してお門違いの批判を浴びせた議員らもひどければ、問題を指摘されてからの態度もひどかった。しかも、この記事をもとに三者が事実上、連携することで、まるでスパイラルのように原さんに

| | | 一審 | 二審 | 上告審 |
|---|---|---|---|---|
| 毎日新聞 | 記事で誹謗中傷 | ×請求棄却〈２０２１年９月〉 | ○不法行為認定：損害賠償２２０万円〈２０２２年７月〉 | ○二審判決で確定〈２０２４年１月〉 |
| 篠原孝議員 | ブログで誹謗中傷 | ○不法行為認定：損害賠償１６５万円〈２０２１年３月〉 | ○不法行為認定：損害賠償２２０万円〈２０２２年１月〉確定 | |
| 森ゆうこ前議員 | 国会内で誹謗中傷 自宅住所公開 | ×（免責特権で訴訟できず） | | |
| | ブログで誹謗中傷 自宅住所公開 | ○不法行為認定：損害賠償34万円〈２０２２年３月〉 | ○不法行為認定：損害賠償34万円〈２０２３年１月〉 | ○二審判決で確定〈２０２４年１月〉 |

図１　訴訟はすべて勝訴が確定

対する疑惑を膨らませていった経緯があります。三つの裁判を同時に展開していたんだから、大変だったでしょうね。

**原**　毎日新聞との訴訟は次のような経緯を辿りました。一審では原告（私）が敗訴となったものの、二審で毎日新聞の不法行為が認定されたため毎日新聞側が上告。この上告が棄却され、原告の勝訴が確定しました。

篠原議員に関しては一審、二審ともに不法行為が認定され、原告勝訴が確定。森前議員については国会答弁での誹謗中傷は名誉棄損で提訴することはできません。しかし、ブログで私の自宅住所を公開した件などについては提訴し、一審、二審ともに原告勝訴となっています（図1、訴訟はすべて勝訴が確定）。

## 全国紙が朝刊一面で

**髙橋**　原さんの名誉のための裁判ではあるけれど、かかった費用、労力を考えると割に合わないのではないですか。記事が掲載されてから4年半もたってしまうと、その時についていてしまった印象を払拭できないし、そもそも「どんな記事だったっけ」という話にもなりかねません。

**原**　実際、そうなのです。訴訟前は周りの人からも「放っておけばいい」「相手にすると逆襲を受ける」など、訴訟を起こさない方がいいという助言ももらったのですが、私は訴訟という手段を取りました。これは、自分の名誉のためというより、こうした事案の再発を防ぐためです。たしかに訴訟は割に合いません。しかし、そういって被害者が皆、泣き寝入りしていたら、マスコミも国会議員もこういうデタラメな誹謗中傷をまた繰り返すことになります。

改めて経緯を説明しておきます。

事の発端は２０１９年６月11日付の毎日新聞です。朝刊の一面トップに、〈特区提案者から指導料〉〈WG委員支援会社　２００万円、会食も〉という記事が掲載されました（図2、毎日新聞２０１９年６月11日１面）。記事の内容は、美容学校にかかわる規制改革で特区提案をしてきた事業者（学校法人）が「特区ビジネスコンサルティング（特区ビズ）」という会社に「外国人美容師の就労が可能になるよう規制を緩和してほしい」との希望を伝えたうえ、同社にコンサル料を払い、かつ私と事業者側が会食をして、事業者が費用を負担した、というものです。

私自身はこの事業者と会食してはいませんし、コンサル会社とも何の関係もなく、何らかの謝礼を支払われたこともありません。

**髙橋**　毎日新聞が掲載した図がまたひどかったですよね。

**原**　そうです。毎日新聞の記事には、私の顔写真入りのカネの流れや協力関係を示すチャート図も掲載されており、あたかも私が「疑惑の中心人物」であるかのように印象付けられていたのです。ご丁寧に特区制度に詳しいという大学の名誉教授のコメントも掲載されており、そこには〈公平性・中立性の確保が重要な国家戦略特区の趣旨を逸脱し、原英史氏が公務員なら収賄罪に問われる可能性もある〉と、こちらもやはり、あたかも私が何か収賄罪に匹敵する不正を行ったかのように疑惑を掻き立てる一文まで掲載されていました。

　誰よりも私自身が、この記事を見て、本当に驚いてしまいました。まさか1を10にするどころか、ゼロを10にするような書き方をするなどとは思いもよらず、驚愕したのです。

　この紙面を見たら、多くの人は「原という規制改革のWG（ワーキンググループ）で委員を務める人物が、規制改革とコンサル会社を隠れ蓑にして会食接待でいい思いをしたり、不正な金を受け取ったりしたのだろう」と受け取ってしまうことは確実で

# 特区提案者から指導料

## WG委員支援会社　200万円、会食も

政府の国家戦略特区を巡り、規制改革案を最初に審査するワーキンググループ（WG）の原英史座長代理と協力関係にあるコンサルタント会社が、2015年、提案を検討していた福岡市の学校法人から約200万円のコンサルタント料を受け取っていた。原氏は規制緩和の提案を審査・選定する民間委員だが、コンサル会社の依頼で、提案する側の法人を直接指導したり会食したりしていた。

（26面に関連記事）

国家戦略特区では、獣医学部新設が認められた学校法人「加計学園」理事長が、規制緩和を最終決定する側の安倍晋三首相（特区諮問会議議長）の親友で、「利害関係者を優遇したのでは」と国会で追及された。内閣府によると、原氏ら民間委員に提案者との利害関係を規制するルールはなく、特区制度自体の公平性・中立性が改めて問われそうだ。

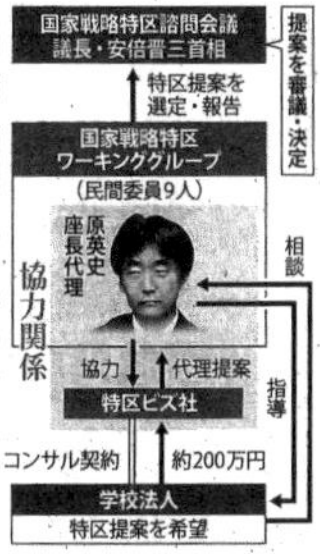

この会社は「特区ビジネスコンサルティング」（特区ビズ、18年6月に特区業務から撤退し、「イマイザ」に商号変更）。15年1月に設立され、少なくとも同年3～12月、原氏が代表を務める政治団体「土日夜間議会改革」と同じマンションの一室（東京都千代田区）に事務所を設置。特区ビズの社長は、政治団体の事務も担当していた。

広報資料などによると同社は15～16年、数十件の特区提案にコンサルタント業務などで関与。このうち少なくとも福岡市中央区の美容系学校法人が、日本の美容師資格を持ちながら国内で就労できない外国人を特区内で働けるようにする規制改革を希望し、同社にコンサル料を支払った。

法人などによると14年11月以降、原氏らは法人側と福岡市内でたびたび面会。法人副理事長（当時）は原氏と市内の料理屋で会食し、費用は法人が負担した。副理事長はコンサル料の支払いを認め、「特区ビズの方として原氏と会った。提案書の書き方を教わった」と語った。提案は15年1月、特区ビズ社名で内閣府に提出され、WGで審査中だ。

元経産官僚の原氏は、特区を用いた新制度「スーパーシティ法案」の基本構想をまとめた政府の有識者懇談会でも座長代理を務める。毎日新聞の取材に「（同社に）協力はしているが（コンサル料は）知らない。会社と私は関係ない」と説明した。内閣府は「委員が提案者の相談に応じ、制度を紹介するのは通常の活動」としつつも、同社と原氏の関係は「事務局として承知していない」と回答した。【杉本修作、向畑泰司】

### 公平性を逸脱

特区制度に詳しい恒川隆生・静岡大名誉教授（行政法）の話　公平性・中立性の確保が重要な国家戦略特区の趣旨を逸脱し、原英史氏が公務員なら収賄罪に問われる可能性もある。特区ワーキンググループは議事要旨の公開など「透明性」をうたうが、反対意見を主張する抵抗勢力へのけん制が狙いで、加計学園問題でも明らかになったように、規制緩和の当否以前に審査の過程が不透明だという疑念を持たざるを得ない。

国家戦略特区諮問会議
議長・安倍晋三首相
特区提案を選定・報告
提案を審議・決定
国家戦略特区ワーキンググループ
（民間委員9人）
原英史座長代理
協力関係
相談
指導
協力
代理提案
特区ビズ社
コンサル契約
約200万円
学校法人
特区提案を希望

外国人美容師解禁を巡る原氏と特区ビズ社の関係

図２　毎日新聞2019年6月11日1面

した。私自身は何ら不正なことを行っていないのに、証拠もなく「原は悪人である」と印象付ける紙面です。新聞、しかも全国紙がこういうことをやるものなのかと絶句しました。

**「金銭授受」を匂わせるチャート図**

**髙橋**　同じ日に毎日新聞は社会面（26面）でも、この件について紙面を割いていたよね。でかでかと〈原さんが見てくれる〉（図3、毎日新聞２０１９年６月11日26面）と、やはり原さんが金銭なり接待を受けたうえで、「規制緩和の名のもとに、何らかの不正行為によって特定の業者に手心を加えている」かのように印象付けるような紙面でした。

**原**　26面の記事では、事業者のコメントとして〈（WG幹部の）原さんが提案書を見てくれるから、コンサルタント料は安いと思った〉と書かれていて、見出しもそこから取ったものでしょう。

さらには〈特区ビズ社長も交え……かっぽう料理屋で副理事長（※事業者側）と会食した。副理事長は「ふぐがおいしい季節だったので、お誘いした。原氏は特区ビズの顧問のような存在で、社長より立場は上と感じた」〉（※は編集注。以下同）などと記載したのです。しかし私は特区ビズ社の顧問ではありませんし、そもそも事業者とは会食すらしていないのです。

これらの記事には２つのポイントがあり、それは私がＷＧ委員として、特区を希望する事業者（特区提案者）から①カネをもらった②会食接待を受けた、と読者に印象付けるものでした。これらはいずれも間違いで、会食接待を受けたことは毎日新聞記者の取材に対してもきちんと否定しています。にもかかわらず毎日新聞は、「金銭の授受・会食接待ありき」で記事を書き、掲載したのです。

記事をよくよく読めばわかるように、実は毎日新聞は①に関しては、確かに「原が特区ビズを介して特区提案者からカネを受け取った」とは書いていません。しかし私と「協力関係」にあり規制改革の「支援会社」である特区ビズ社が事業者から「200万円」を受け取ったとし、さらにはチャート図でも私の顔写真を真ん中に配置することで、あたかも私が金銭の流れにも絡んでいるかのように印象付けているのです。特区ビズの社長は知人ではありますが、そもそも協力関係にない会社がコンサル料を受け取っていたとしても私にはあずかり知らないことです。

なぜこんな紙面になったのか。どうも毎日新聞は、特区の仕組みについて「申請を受けてWGが審査する」ものだと思い込んでいたようです。WGと特区を希望する事業者の関係はいわば試験官と受験者の関係で、だから受験者が試験官に金銭を渡したり接待して特区として認められ、その事業者が得をするとなれば裏口入学のような不正と同じだ、と考えたのでしょう。

しかし実際にはそうではありません。WGの役割は、特区を希望する事業者の申し出を参考にしてWGが所管官庁と折衝し、規制改革を行って社会全体に利益をもたらす、というものです。しかしそれが分かっていないので、「WG座長代理の原と、事業者がコンサル会社を挟んで接点を持ち、金銭や接待ですり寄って、手心を加えてもらおうとしているらしい」という発想になったのでしょう。

**髙橋**　26面の記事には、一応、原さんのコメントも掲載していましたよね（図3、毎日新聞2019年6月11日26面一問一答）。一応、本人取材はしていたということですか。

**原**　これは記者に待ち伏せされたので、「後で時間を取ります」といって、その後、取材に応じたものです。だけど「一問一答」形式になっていながら、私が話したこと

# 申請者「コンサルの一環」

# 原さんが見てくれる

国家戦略特区の審査を担う民間委員が申請団体を指南し、委員の協力会社がコンサルタント料を得る。制度の信頼をゆがめかねない「規制緩和ビジネス」の一端が浮上した。特区ワーキンググループ（WG）の原英史座長代理は協力会社と無関係だと強調するが、団体関係者は両者を同一視し、特区認定を期待していた。【杉本修作、向畑泰司】

## WG座長代理が特区ビジネス支援

「（WG幹部の）原さんが提案書を見てくれるから、コンサルタント料は安いと思った」。福岡市の美容系学校法人で当時副理事長だった男性は今も、原氏の指導が「特区ビジネスコンサルティング」（特区ビズ）の業務の一環と受け止めている。たびたび面会した原氏の傍らには、いつも特区ビズの社長がいたという。

法人関係者や副理事長によると、特区ビズ社長と副理事長が知人だった縁で、原氏と社長は2014年11月28日、同市中央区平尾の小料理店で副理事長と懇談した。

この場には、特区関連イベントに参加するため、同市を訪れていた特区事務局の藤原豊・内閣府地域活性化推進室次長（現経済産業省審議官）も同席。4人は総菜を盛った大皿が並ぶカウンター席で、原氏と藤原氏から特区提案を勧められ、法人側は特区ビズとのコンサル契約を決めたという。

原氏はその後、社長の仲介で法人理事長と面会。15年2月17日には、特区ビズ社長も交え、同区六本松地区のかっぽう料理屋で副理事長と会食した。副理事長は「ふぐがおいしい季節だったので、お誘いした。原氏は特区ビズの顧問のような存在で、社長より立場は上と感じた」と振り返る。

特区ビズ社長によると、社長は東京都内の出版社に勤めていた10年ほど前、経産省退職後の原氏と知り合い、インターネットニュースの動画撮影を依頼されるようになった。原氏が社長を務める別のコンサルタント会社「政策工房」の名刺を使って仕事をすることもあったという。

特区ビズは15年1月に設立され、数十件の特区提案に関与。会社案内によると、半数がWGで原氏ら民間委員のヒアリングを受けた。浜松市が同社に約40万円のコンサル料を支払っていたことも確認された。

15年12月には原氏が特区ビズ社員を同行させ、農業労働者不足に悩む群馬県昭和村を訪問。特区限定で外国人労働者の受け入れを可能にする規制改革の提案を勧め、村に同社を紹介した。村によると、正式契約には至らなかったが、同社は提案資料の作成を手伝った。

特区ビズ社長は取材に「原さんに謝礼は支払っていない。（提案団体から原氏への）利益供与はない」と強調。一方「原さんは何と言っているのか」と逆質問するなど原氏の意向を気にするそぶりを見せ、「僕と原さんが並んで説明すれば相手が誤解するのは仕方がない。原さんが特区ビズの一部に見えるなら、そうかもしれない」と話した。

藤原氏は14年11月の懇談に同席したことについて、「原氏から要請され、福岡空港発の便に搭乗する必要から、10～20分程度ならと随行した。会食はしていない」と取材に回答した。

原氏は1989年に旧通産省に入省。渡辺喜美行革担当相の補佐官などを経て経産省を退職。国家戦略特区に制度設計から携わり、加計学園問題では国会に政府参考人として出席し、「『加計ありき』は全くの虚構」などと強調した。

**2015～16年に特区ビズ社が関わった主な規制緩和提案**

| 提案内容 | 提案者 | 提案後の状況 |
|---|---|---|
| 外国人美容師解禁 | 美容系学校法人※ | WGで審査中 |
| クールジャパンと外国人材 | 東京都港区議 | 〃 |
| ふるさと納税選挙制度 | 宮崎県小林市議 | WGのヒアリングを受けたが議論は打ち切り |
| 外国人就労に関する特区提案 | 公益社団法人など | 18年12月の入管法改正で一部実現 |
| 真珠の漁業権の規制緩和 | 真珠販売会社 | 18年12月の漁業法改正で一部実現 |
| 外国人材農業特区 | 群馬県昭和村 | 入管法改正で一部実現 |
| 農・工・旅連携グローバル人材特区 | 浜松市 | 浜松市がその後提案をやり直し、WGで審査中 |
| どぶろく特区 | 特区ビズ社単独 | 書類選考で落選 |
| 猟師体験民宿特区 | 〃 | 〃 |

特区ビズ社の会社案内と取材から。※は同社が代理提案

## 「周知活動として当然」　原氏一問一答

――特区ビズとの関係は。

◆制度の周知や運用状況の説明は、可能な限り機会があれば誰に対してもしている。それを協力と呼ぶならば、そこらじゅうに協力している。

――福岡市の学校法人を訪れた経緯は。

◆特区ビズから説明してほしいと言われて行った。

――法人側に提案に関する指導をしたのは問題ではないのか。

◆周知活動の一環として当然やる。

――法人は特区ビズにコンサル料を払っていた。知っていたか。

◆僕のあずかり知らないところ。関係ない。

――法人側と会食してごちそうになった。問題はないのか。

◆食事ぐらいは行ったと思うが記憶にない。提案した人と飯を食うな、金銭関係も一切なしにしろと言われたら、僕は社会で生きていけない。

――公平性、中立性に問題はないのか。

◆単に提案をしてもらう人だから議論に何の影響もない。

デジタルプラス　詳報

## 民間委員「利害」規則なし

国家戦略特区WGは団体や自治体による規制緩和提案を審査し、最終決定の場である特区諮問会議（議長・安倍晋三首相）に報告する。ただし内閣府によると原氏らWG民間委員と提案者の「利害関係」に関するルールはなく、公務員でもないため、仮に謝礼や過剰接待を受けても収賄罪などは適用されない。内閣府は民間委員の「相談活動」を問題視しないとしているが、制度設計自体の「欠陥」が問われる可能性がある。

一方、諮問会議本体は公平・中立の観点から、会議メンバーと利害関係のある提案では「審議や議決に参加させないことができる」と基本方針で定める。

だが同会議でさえ審査する側とされる側の利害関係への疑義が指摘されてきた。加計学園の獣医学部新設計画を巡り、内閣府が「総理のご意向」と説明したとされる内部文書が発覚。加計孝太郎・学園理事長は首相の親友で、認定前から面会や会食を重ねており、野党が追及。内閣が一時窮地に陥った。

神奈川県などで認められた外国人家事支援事業には、諮問会議議員の竹中平蔵・東洋大教授が会長の「パソナ」が参入。竹中氏は議論の過程でこの規制緩和を後押しし、「利益相反ではないか」と批判された。政権は「竹中氏の意見は構造改革の観点からで、個別企業の利益に関わるものではない」（2017年6月・山本幸三・元地方創生担当相）と擁護していた。

図3　毎日新聞2019年6月11日26面

を全く捻じ曲げて、あたかも「何らかの不正があったのを、追及を受けてごまかしている」かのようにまとめているのです。

あまりに驚いたので、当日のうちにフェイスブックに反論文を公開したのち、翌日にはネット媒体の「アゴラ」にも反論文を掲載してもらいました。記事が誤りであること、事業者に対する情報提供や助言は委員の務めであり、当然に行っていること、金銭の授受などありえないことを書いたうえで、虚偽報道であり、悪質な印象操作を行っていると指摘し、強く抗議するとともに名誉棄損訴訟提起の準備に入ると述べたのです。

ところが、毎日新聞はその後、実に5日連続、私や特区に関する問題を一面に掲載し、さらに1カ月もの間、紙面に掲載し続けました。これに対し、私は毎日新聞の社長宛てに内容証明付きの抗議書を送って対応を求めたのですが拒絶されたため、提訴せざるを得ない状況になったのです。

## 「モリカケサクラ」から「戦略特区」へ

**髙橋**　紙面を見れば、毎日新聞が「WGの原がいかがわしいことをやった」「規制改革の名のもとに、新たな利権構造が生まれている」かのように読者に思わせたいのは明らかですよね。

この記事が出た２０１９年は、メディアによる安倍晋三政権批判の総決算を迎える時期です。まず、２０１７年にモリカケ問題（森友学園問題、加計学園問題）の騒ぎが始まります。それから森友学園問題に端を発する財務省の決裁文書改ざん問題が２０１８年3月に発覚しました。そして２０１９年5月には「桜を見る会」問題が騒ぎになっていた。原さんの記事は２０１９年6月ですから、まさにこの一連の流れの中で書かれたものです。

安倍批判派、いわゆる「アベガー」の人たちが、「モリカケサクラ」の安倍批判で盛り上がったから、「次のネタ」として規制改革と原さんがターゲットにされたのでしょう。

**原**　政治的種火にしようとしたのは間違いないです。

**髙橋**　そもそもこの記事を書いた記者の一人は森友問題も取材していて、私にも接触を図ってきました。その後は戦略特区絡みの疑惑ネタを探していたようで、私が勤める嘉悦大学にも取材をかけています。この話は第2章でも触れるけれど、元がネットのフェイク情報だったようです。資料を読む能力もない記者が、「あれも匂う」「これも変だ」と、フェイクに飛びついてストーリーを作り上げていたというのが実際のところじゃないの？

**原**　６月11日の記事でも、「特区ビズ社が関わった主な規制緩和提案」と、その後取り上げることになる真珠の漁業権の規制緩和の件や、外国人材農業特区の件などを一覧にして掲載していました。

　また、加計学園問題も引き合いに出す一文も掲載されていて、〈民間委員「利害規則なし」〉として、改革にかかわる民間委員は公平・中立性が疑われるかのように書かれています。

　裁判で記者はなぜこの記事を書いたのか、問題意識はどのようなものかと問われ、「規制改革は日本、国にとって必要不可欠だと思っていて、それ自体を問題視しようというものではないが、加計学園のように不透明なプロセスがある。今回も同様に公平・公正さがゆがめられているのではないかと思って取材を始め、記事にした」と陳述しています。

**髙橋**　なるほど、「加計学園のように不透明なプロセスがある」と言っていることからして、もう思い違いがあるわけだ。

## 「会食」を「懇談」に書き換えた記者

**原**　裁判で争われたのは①会食の件と②コンサル料の件です。まず会食について説明しておきます。毎日新聞の記事では14年と15年の二回、いずれも私が事業者の支払いでの会食接待を受けたかのように書いていました。

しかし、私は会食をしていないんですよ。

まず、一回目について、私はその日、夕方の飛行機に乗っているので、会食をした可能性はおよそありませんでした。毎日新聞は会食について事業者側が費用を負担したことを取材で確認しており、事業者側も「自分たちが払った」と言っています。でも私は会食をしていない。そうした記録が残っているので、毎日側にも説明したところ、記者は「会食」ではなく「懇談」と書き換えたのです。

しかし毎日新聞は「懇談」について、「総菜を盛った大皿が並ぶカウンター席で」などと記事で書きました。これはあたかも会食をしたかのような印象を読者に与えますよね。記者は「会食したに違いないが、本人が否定しているので『懇談』と逃げるしかない」と考えたのではないでしょうか。

また、二回目は、会食などしているわけがありませんが、フライトスケジュールのように物理的に否定するまでの材料はこちらもなかった。そうしたら毎日新聞は堂々と「会食接待」と書いたわけです。ただ、二回目については事業者側の話もあやふやで、費用を負担したかどうかも不明でした。

**髙橋**　否定する論拠も示されているのに「一回目は会食して、事業者が支払っている」と思い込んでいるから「二回目もそうだったのだろう」とさらに思い込んで書いたということですね。

**原**　毎日新聞は私に対して、6月11日に掲載された一問一答にもあるように一応取材はしています。しかし、その取材に私は「その日は確かに、その（会食があったとされる）地域にいたが、15時まで会議があり、16時すぎには空港に行って飛行機に乗っているので、会食は無理だ」と伝えています。それが、なぜか記事では会食接待を受けたことになっていたわけです。裁判の尋問で、どうも取材内容を取り違えていたらしいことがわかりました。

また、記者はこの時、私と同行していた内閣府の役人にも取材しています。そのときにやはり同じ説明を受けているはずなのですが、これに対しても記者は「役人も会食接待を受けたと回答した」と思い込んだようです。

**髙橋**　資料も正しく読めないうえに、取材内容まで取り違えられたらたまらないね。

**原**　せめて日本語を正確に理解できる人を取材に出してもらいたいものです。

## 「原が200万円を受け取ったとは書いていない」と主張

**髙橋**　会食の件に関しては、裁判（二審）で取材不足による名誉棄損が認められたわけですが、コンサル料についてはどうだったんですか。

**原**　こちらは認められませんでした。というのも、毎日新聞は相当に嫌らしい紙面づくりをしているのです。紙面構成は明らかに「私があたかも200万円を企業からもらった」と受け取れるように作っているにもかかわらず、毎日新聞は「原が200万円を受け取ったとは書いていない」と主張したのです。

**髙橋**　（笑）。そうするとこの記事を一面で報じたのは、WG委員である原さんがコンサル料を取ったから問題だというのではなく、「コンサル会社がコンサル料を取ったのが問題」だから、ということになるの？　そんな当たり前のことを一面で報じる意味があるんだろうか。

**原**　裁判でもそこは追及していて、原告弁護人が「それが一面記事になるような問題なのか?」と記者に聞いていますが、記者は「私はそう考えます」と答えています。しかし、確かに記事には「原が200万円を受け取った」とは書いていませんが、紙面全体の構成として「そう印象付けている」ことは明らかです。そのため、裁判では、産経新聞の元記者で現在は『正論』編集長の田北真樹子さん、元読売新聞記者の新田哲史さん、さらに元毎日新聞記者の方に、新聞記者出身の立場から毎日新聞のこの紙面をどう見たか、につき陳述書を提出いただきました。

そこでは見出しの作り方やチャート図から何を読み取れるか、作る側はどのような効果を狙っているかなどを解説してもらっています。いずれも、元新聞記者の観点から見て「この記事が原の不正を指摘しようとしている」「200万円の少なくとも一部が原に流れたかのように印象付けるものになっている」「見出しやレイアウトを始め、原に不正があるかのように印象付ける新聞記者としてのテクニックがふんだんに使われている」と毎日新聞の記事、紙面づくりには問題があると指摘しています。

**髙橋**　しかし結局、裁判でも「200万円」に関しては「記事にそうとは書いていないので、名誉棄損にあたらない」という認定になったのですね。

**原**　裁判所が「これは事実上、原が２００万円を企業から受け取ったと書いているのと同じである」と認めてくれればよかったんだけれども、そうはなりませんでした。裁判所はものごとのすべてを明らかにする場所ではなく、明らかな法律違反を判断する場所です。そのため、判決では会食の件については事実確認が不足しており、名誉棄損が成立するとしたものの、２００万円については〈原氏が受領したとの事実が示されているものとは認められない〉という判決になりました。

**髙橋**　記事を読んだ人の印象とずいぶん違いますね。

## 訴訟に負けない印象操作

**原**　確かに２００万円の記述に対しては裁判所としてはそういわざるを得なかったのかもしれませんが、報道倫理として、こんな紙面の作り方が許されるのかと。

**髙橋**　チャート図で原さんの顔写真だけをでかでかと出し、「もし公務員だったら贈収賄です」なんていうコメントまで出して、何か悪いことをしたのではないかと匂わせる、というのは問題でしょう。そういう紙面構成をして読者の印象をミスリードしても、本文では「実は原さんはもらっていない」ように書いておけば法的責任から逃げられるということになってしまいますよね。

**原**　そうなんです。ちょっと小細工を施しておけば、少なくとも訴訟では負けないという前例になりかねません。

**髙橋**　毎日新聞は逆の意味で今回の件から学習して、「訴訟に負けないように印象操作する」技術に長けてしまうんじゃないだろうか。

**原**　そうなると思いますよ。判決を受けてもこんなにとんでもない記事を出してしまったことを反省するでもなく、「訴訟対策の細工がちょっと甘かった」と思っている程度なのではないかと思ってしまいます。「200万円はあくまでもコンサル企業が受け取ったもの」と毎日新聞側、記事を書いた記者も分かっていながら、私について「疑わしい」とほのめかすような紙面構成にしたわけで、問題は根深いと思います。

本来はこうした記事が一面に掲載された経緯について毎日新聞内で検証すべきですが、できないなら第三者機関に諮るべきだと言いたい。

**髙橋**　新聞は他の企業の不祥事にはそう言っているんだからねえ。

**原**　ですが、実際にはなかなか攻め方が難しいんです。今回の訴訟でも、一審では敗訴しています。その判決文を読んでもよくわからないロジックなのですが、要するに裁判所にとっても毎日新聞という全国紙の、しかも一面に掲載された紙面にまさか間違いはないだろうという思い込みや、それを否定していいものかという権威視があったのでしょう。全国紙が堂々と一面に掲載したものを、裁判所が否定できるのか、ということでした。

**髙橋**　毎日新聞なのにね。

**原**　当時、毎日新聞社には特別報道部というのがあって、社会部系の記者が中心になっているのですが、独自取材や調査報道でネタを見つけるチームを持っており、私の記事を書いた記者も、この部署に所属していました。

特別報道部については、陳述書を書いてくれた毎日新聞元記者の方も、「脱記者クラブの掛け声のもとに新聞社幹部の肝煎りで作られた特別報道部は、ネタを記者自らが自分の足で探すことが至上命題であり、情報収集が難しい。だからこそ、プレッシャーにさらされる中で不十分な取材であっても見切り発車的に記事化してしまった可能性があるのかもしれない」と指摘しています。

**髙橋**　それは毎日新聞の事情であって、根拠もなく一面に書かれた者には通用しない話ですね。

## 敗訴後も印象操作の毎日

**原**　毎日新聞は、敗訴が確定したことを報じた２０２４年1月11日付の記事で、〈取材と報道の経緯〉として次のように掲載しています。

〈毎日新聞は２０１９年6月11日朝刊で、原氏と協力関係にあるコンサルタント会社が15年、特区提案を検討していた福岡市の学校法人から約２００万円のコンサルタント料を受け取り、14年と15年に原氏が2回、学校法人幹部と福岡市で懇談や会食をした、と報じました。

これに対し、原氏側は訴訟で「記事は、原氏が個人として２００万円を受け取り、会食の費用も学校側が負担したとの事実を示しており、社会的評価を低下させた」と主張しました。

訴訟の争点は主に2点でした。①会食（懇談）の費用を学校法人側が負担したか②原氏が個人として２００万円を受け取ったという事実を示しているか――です。

学校法人側と原氏の会食（懇談）について、記者は取材した学校法人幹部から「お誘いした」「福岡に人を呼ぶには食い物が一番」との回答を得たうえ、14年については法人側が負担したということを確認しました。

また、15年については、19年5月の原氏への取材で学校法人側の費用負担を明確に否定しなかったと判断し、最終的に会食（懇談）の費用は学校法人側が負担したと報道しました。この際、14年については原氏が飲食をしたか不明だったため「懇談」と表記し、飲食を伴った15年は「会食」と表記しました。

1審の東京地裁判決は、14年を法人負担とし、15年の法人負担にも真実だと信じる相当の理由があると認定しました。しかし、2審の東京高裁判決は、14年の懇談を記事にする際、懇談場所について「総菜を盛った大皿が並ぶカウンター席で」と表現したことで、飲食を伴ったものと読めてしまうほか、15年の会食費用について「学校法人が負担したかどうかについて幹部の供述は必ずしも明確ではなく、記者が明確にするような確認をした事実も認められない」として、名誉毀損が成立するとしました。

一方、原氏が個人として２００万円を受け取ったという事実を報道が示しているかどうかについては、1、2審とも「コンサル会社が受け取ったとの事実を示していることは明らかで、原氏が受領したとの事実が示されているものとは認められない」として退け、毎日新聞社の主張を認めました。

国家戦略特区を巡る今回の報道は、警察や検察などいわゆる当局の発表によらない毎日新聞の独自の取材による調査報道でした。

判決では、WG委員の協力会社が特区の提案者からコンサルタント料を得ていたという報道が事実だと認められました。一方で、会食費用の学校法人負担について、より慎重に学校法人幹部に確認すべきでした。懇談場所の描写も誤解を招くものでした。一部の取材が十分ではなく、記事も正確ではなかったとの判決の趣旨を真摯に受け止め、今後の取材活動に生かしていきます。〉

この敗訴が確定したことを伝える毎日新聞の記事は全体的に問題ですが、特に呆れてしまうのはこの部分です。

〈国家戦略特区を巡る今回の報道は、警察や検察などいわゆる当局の発表によらない毎日新聞の独自の取材による調査報道でした〉

**髙橋**　独自取材だったから間違えた、ってこと？

**原**　そう、独自取材であったと誇らしげに書いているんですが、結果を見れば独自取材なのに間違えたというだけなんですよね。「おおむね適切な報道に基づく正当な記事だったが、一部不備があったに過ぎない」ということにしたいのでしょうが、この認識自体が間違っているんです。

**髙橋**　結果を真摯に受け止めるなら、国家戦略特区を巡って思い込みが先行し、調査報道なのに取材が足りませんでした、と言うべきじゃないですか？

**原**　さらに問題なのは、次の部分です。

〈判決では、ＷＧ委員の協力会社が特区の提案者からコンサルタント料を得ていたという報道が事実だと認められました〉

繰り返すように当該コンサル会社がコンサル料をもらったかどうかは裁判の争点ではありませんし、私とは全く関係ない話です。私は経営にかかわったことも、カネをもらったこともない会社（コンサル会社）であるにもかかわらず、毎日新聞が記事で「あたかも原が２００万円を受け取った」かのような紙面構成をし、読者をミスリードしようとしたことが問題だと指摘した裁判です。

裁判ではこの部分の名誉棄損は認められませんでしたが、だからといって〈ＷＧ委員の協力会社が特区の提案者からコンサルタント料を得ていたこと〉が裁判で事実認定されたわけではありません。しかしあえてこのように書くことで、あたかも私の不正が裁判でも認められたかのような印象操作を行っているのです。

この期に及んで嘘を重ね、自己正当化を図り、読者に「会食については確認不足だったが、とはいえ原は改革の笠を着て仲間内でよろしくやっているのだ」と印象付けようとする毎日新聞には呆れるほかありません。これは敗訴確定を報じるふりをして、輪をかけて名誉棄損を行っているも同然です。少なくとも、〈一部の取材が十分ではなく、記事も正確ではなかったとの判決の趣旨を真摯に受け止め〉ているとはとても思えません。

## 毎日新聞の取材への防衛手段

**髙橋**　取材を受けて否定しても、発言を捻じ曲げられてしまう。しかも、裏付けのある証拠があるわけでもない。悪意の第三者が記事を書くとなると、とんでもない印象操作が行われることを前提にしなければならないということですね。

取材に応じなければ応じないで「逃げた」「回答を拒絶」などと、後ろめたいからそうしているかのように書かれかねません。となると、同じ紙面で原さんの主張をきちんと原さん自身がチェックの上で掲載するよう求めるか、あるいは原さんのように本人がＳＮＳやネット上で自分の主張をどんどん拡散するしか、対抗手段がない。

**原**　今回の件で私は何もおかしなことはしていないし、反省することは基本的にはないのだけれど、唯一、反省しているのは毎日新聞の口頭取材を受けてしまったことです。

すごくまじめに、真摯に対応したつもりだけれど、むしろそれが失敗でした。何もこちらには後ろめたいことがないからこそ、きちんと丁寧に説明すればわかるだろうと思って受けたのです。だから特区の仕組みから始まって、会食の有無まで含めて一時間くらいかけて説明したのですが、記者はそれを恣意的に切り貼りして、あたかも私が問題のあることをしたと認めたかのような記事に仕立て上げた。「説明すればわかってもらえる」と思ったのが大間違いでした。

**髙橋**　そうなると、取材を受けること自体が怖いですよね。相手の土俵に乗ることになって、相手のスクリーニング（ふるい分け）がかかった形で記事になって世の中に出ていくわけですから。

考えられる防衛策としては、相手が取材に来たときに録画するなりして「ユーチューブに流します」と相手にも告知して牽制するくらいはやらないと、こういう歪曲は防げないかもしれない。

**原**　おっしゃる通りです。こんな冤罪報道の取材は二度と受けたくはないけれども、もしまた取材の機会があるとしたら、取材をすべて公開するか、文書で必要最低限のことだけ答えるか、どちらかでしょう。

当該記者は裁判に証人として出廷した際も、「きちんと取材している」と一生懸命説明していました。実際には、明らかに取材していなかったことがわかってしまうような、しどろもどろな答えも返ってきていましたが……。

## 周囲の人も付け回すやり口

**髙橋**　この記者の人は、私にも接触してきたから知っているけれど、実は結構巧妙なんですよね。「ズルい」と言ってもいいんだけれど、私に接触してきた時も、「森友学園問題で書かれた記事、とても素晴らしかったです」なんて褒めるメールを送ってくるんですよ。なんで毎日の記者がそんなに持ち上げるんだろうと怖くなって、会わなかったけど。「そんなに言うならあなたが自分でそういう記事を書けばいいじゃない」と思うしね。会っていたら、どんな記事を書かれたか分かったものではない。

**原**　それでうっかり言及したらコメントを切り貼りしたり文意を捻じ曲げて使われて、髙橋さんもよからぬことをしていたという記事に仕立て上げられたかもしれません。

私の関係者に対する取材時にも同じ手を使おうとしたようです。最初は「原さんって素晴らしいですよね」「原さんの功績を記事にしたい」などと言って取材に来るらしい。それで話しているとその最中に突然、「原さんにおカネを渡していませんか」と言い出す。

**髙橋**　それはびっくりしますよね。

**原**　そう。一人はそれで混乱した回答をしてしまっていて、あたかも私と会食したかのような記事になってしまったんです。「原さんと親しいんですよね」「すごい方ですよね」と記者に言われて、取材を受けている側もなんとか私と親しい関係であることをアピールしようとして、乗せられて事実ではないことを喋らされてしまったようです。そういうテクニックまで駆使しているのです。

特区ビズ社の人にも毎日新聞は繰り返し聞いていたようです。それで何とか「原はコンサル料を受け取っている」という言質を取りたかったのだろうけれども、事実ではないので誰からもそんな証言は得られなかったわけです。そういうわけで、あたかも私がカネをもらったかのように見える紙面構成にし、そういう印象を与えられる記事を書いた、ということなのでしょう。

**高橋**　それで「独自の調査報道」と言えるんだろうか。直撃して言質を取ってやろうというだけですよね。

**原**　取材の仕方も非常に高圧的で、私の周囲の人たちを付け回し、約束も取らずに急にやってきて事務所に居座ったり、待ち伏せして街中で呼び止めるようなことをさんざんやり、しつこく同じ質問を繰り返していたのですよ。

　ある人は高齢のご両親を介護施設に送っていくところで呼び止められて、長時間にわたって質問を浴びせられる間、ご両親は立たされたままになってしまったのです。もちろんそれが原因とは言いませんが、その後、ご両親のうちのお一人は転倒して亡くなられたのですよ。本当にこれは許せなくて、間接的とはいえ人の命を奪ったに等しいんじゃないのかとすら思います。私の知り合いというだけで、何の関係もないご両親がそんな目に遭わされているんです。

**高橋**　教訓としては「知らないメディアの人間とは接触しない」。下手に会うといいように使われてしまうということです。相手（メディア）が最初から罠にはめようと思っていたら、こちらがいくら真摯に話しても、もうどうにもならない。だったらはじめからＳＮＳや自分の動画チャンネルで、自分で発信した方がずっといいですよね。

## 「悪辣」「懐を肥やしている」と書いた篠原議員

**原**　毎日新聞が連日、１カ月にわたって「特区行政に不正があった」と言わんばかりの記事を大きく掲載したものだから、読んだ人の中には「原はけしからんやつだ、特区は不透明な、新たな利権構造だ」と思った人が当然いたわけです。そのうちの一人が国民民主党所属（その後、立憲民主党）の篠原孝議員でした。

篠原議員は２０１９年７月17日に自身のブログに〈国家戦略特区は安倍政権による新たな『利権』を生むだけ――『政僚』原英史の跋扈を許す制度は廃止すべし――〉とのタイトルで、次のように書いています。

〈かねてより（中略）八田達夫政策研究大学教授と原英史ワーキング・グループ（ＷＧ）委員の利権コンビによるいかがわしい政策作りが行われている〉

〈今回その氷山の一角を毎日新聞（６月11日）が報じた。原と協力関係にあるコンサルティング会社が福岡市の規制緩和の提案を検討していた美容系学校法人から２００

万円のコンサル料を受け取ったという。また、同学校法人副理事長と原は、法人が負担し料理屋で会食も行っている〉

〈許し難いのは正義の味方のふりをし、悪辣なことばかりし、自分の懐を肥やしていることである〉

〈コンサルタント料を稼ぐ昔の利権政治家まがいの利権学者、利権有識者の跋扈を許してしまっている〉

篠原議員は毎日新聞の記事を頭から信じ切っているだけでなく、さすがの毎日新聞でも直には書かなかった「自分の懐を肥やしている」との虚偽記載まで行っているのです。

この時点で、すでに私は毎日新聞の記事に対する反論を公開しています。しかしそうしたものも読まずに篠原議員はこの記事を書いており、しかも私からの謝罪・訂正要求やブログ記事の削除要求にも応じませんでした。そのため提訴するに至ったのです。

**髙橋**　篠原氏も元官僚（農林水産官僚）なのに、特区行政の仕組みが分かっていないのでしょうか。

**原**　篠原氏がそれまでに書いていたブログなども読んだのですが、私に関するもの以外の記事は実に冷静で、中にはこちらが勉強になるようなものもあったくらいです。意見は違っても、それはそれで構わないわけですが、私の件について書いた記事に関しては事実に基づかない内容を鵜呑みにしているだけでなく、表現が荒く、感情的でした。

毎日新聞の一連の記事の中に、ＷＧが関わった真珠養殖の規制改革の話題がありました。２０１９年６月12日に〈政府、審査開催伏せる〉として掲載されていますが、ここで真珠養殖に関する漁業法の規制について真珠販売会社の提案があったことを報じています。２０１８年12月に漁業法が改正されましたが、これに関するヒアリングが非公開になったのが問題だと毎日新聞は書いたのです。

しかし、このヒアリングは非公開にすべきものでした。というのは、これは漁業法改正とは関係なく、漁業権絡みで不透明な金銭徴収の慣行があることにつき情報提供を受けるものだったからです。こうした情報提供が外に漏れれば、当事者が業界内で嫌がらせなどを受ける可能性もありますからね。

篠原議員はどうやらこの漁業法の改正について、私とは違う考えを持っていたようです。しかしだからと言って、こうした毎日新聞の次元の低い攻撃に乗っかったうえ、さらに輪をかけて名誉棄損を行ったことは許し難い。しかも篠原議員は、WG座長の八田達夫さんまでを罵倒しています。八田さんは利権などとはおよそ程遠い方です。ご本人のことを何も知らないのでしょうが、勝手な妄想で誹謗中傷して規制改革そのものをいかがわしい仕組みであるかのように書き立てるのはとんでもないことでした。

## 毎日新聞を信じた俺は悪くない

**髙橋**　元官僚なら途中で毎日新聞の記事の次元の低さに気づきそうなものですが。

**原**　反論を公開して謝罪・訂正するよう申し入れたのですが、応じられなかったので提訴するほかありませんでした。通常、こうした裁判では裁判官が和解する方向にもっていくのですが、ブログの内容があまりにひどかったためか、この時は和解の話は一切出ませんでした。

**髙橋**　篠原氏も、なんとしても削除も謝罪もしなかったということですね。

**原**　しかも驚くべきことに、篠原議員は一審で、「全国紙に書いてあるのだから、真実だと思うのは当然」「これまで50年間、毎日新聞を愛読してきた。その新聞を信じないでどうするのか」と主張したんです。

**高橋**　「毎日新聞を信じた俺は悪くない」と（苦笑）。

**原**　そうです。今や週刊誌報道を片手に国会で疑惑を追及する議員もいます。しかし、週刊誌と新聞では情報の信憑性が全く違うと思っている人はまだまだ少なくありません。私も今回のことが起きるまではそう思っていました。全国紙の一面に掲載されれば、大方の人が「書かれていることのかなりの部分は真実だろう」と推定するものです。さすがに週刊誌の記事が元だとここまで開き直れないと思いますが、全国紙だからこそ、こういう言い分になったのでしょう。さらに篠原議員は「野党合同ヒアリングで、紙になって提出された。正しい資料と思うのは当然だ」とも主張しました。

**高橋**　またまた「信じた俺は悪くない」ですね（苦笑）。毎日新聞プラス野党合同ヒアリングを鵜呑みにした、と。

**原**　しかしながら、繰り返すように篠原議員がブログを書いた時点で私は反論も公開しているし、篠原議員は毎日新聞以上の断定的な誹謗を行っているのです。

**高橋**　「私腹を肥やしている」と書くなんて、毎日新聞が言う「原が２００万円を受け取ったとは書いていない」とは真逆の結果を生んでいますね。農水官僚から議員になったような読解力があるであろう人物でも、50年愛読している毎日新聞の記事を読んだら「原が私腹を肥やしている」と読めてしまったと証明しています。

**原**　結局、一審では篠原氏に対する165万円の賠償額が認められ勝訴。しかし篠原議員が控訴したためさらに争い、2022年1月に控訴審判決が下り、篠原議員に対してさらに多い220万円の支払いが命じられることになりました。裁判官もさすがに呆れたのか、次のようなかなり厳しいトーンで一審での判決を下しています。

〈被告（※篠原議員）は、原告（※原）が本件各新聞記事で報道された事実を否定していることを認識していながら……これらの内容（※毎日新聞記事や野党合同ヒアリングでの配布資料）を特段吟味することもなく、漫然と、これらの資料の記載内容から推測して本件各摘示事実を摘示し、意見、論評を表明したものと推認される〉

〈本件記事作成にあたって、被告に相当軽率な面があることは否めない〉

ここまで言われたにもかかわらず篠原議員が控訴したのには驚きましたが、ひとまず記事も削除されたのでこの点についてはまだよかったと思います。というのも、もう一人の訴訟相手である森前議員に関しては、国会内の発言だったために免責特権があり、提訴できなかったからです。

## ネットで自宅住所を拡散した森前議員

**髙橋**　国会議員の免責特権とは〈議院で行つた演説、討論又は表決について、院外で責任を問はれない〉（憲法第51条）というもので、民事上も刑事上も責任を問われないというものです。もちろん、闊達な議論を行うためにそうなっているわけだけれど、あくまでも国会議員が常識的な、国益にかなう議論をすることが前提になっていますよね。しかし「モリカケサクラ」を始め、週刊誌報道を基に野党が政府・与党を追及する場面はおなじみになってきていて、「あることないこと」どころか、「ないことないこと」を国会で発言している場面も見られます。森前議員の予算委員会での質疑もその延長線上にあるものでしょう。

**原**　森前議員自身も「モリカケサクラ」では舌鋒鋭く政府批判を展開していましたよね。

森前議員は議員として、毎日新聞の報道を引き合いに私の件について、国会で次のように発言しています。

〈特区提案者から指導料と、ワーキンググループ委員の支援会社が200万円、特区ワーキンググループの原座長代理に対して指導料という形で払ったということで、会食も行っていたという記事であります〉（2019年6月11日、参議院農水委員会）〈国家公務員だったら、あっせん利得、収賄で刑罰受けるんですよ〉（2019年10月15日、参議院予算委員会）

二回目の時は、私の顔写真を掲載したパネルまで用意していました。森前議員は「原は金銭を受け取った」との認識のもとに発言しているわけで、毎日新聞の記事を普通に読めばそう思ってしまうことは明らかだとも言えるのですが……。ただし、10月の時点ではすでに裁判が始まり、他でもない毎日新聞自身が「原が200万円を受け取ったとは書いていない」と主張していたのですから、もう話がめちゃくちゃです。

**髙橋**　毎日新聞も、それを鵜呑みにする森前議員も罪深いですね。

**原**　しかし、森前議員のこうした発言は先述の免責特権があるために、提訴することはできません。

もちろん、私はこれに対する反論をすぐに公開しましたが、森前議員は撤回や謝罪に応じることなく、さらに2019年11月7日の質疑で私の自宅住所の情報が掲載されていた資料を配布したうえ、それをそのままネットに公開し、ツイッター（現X）で拡散したのです。

すぐに代理人を通じて本人と当時森氏が所属していた国民民主党に抗議書を送付したところ、翌日、住所情報は黒塗りにされました。が、これはおそらく事務所が迅速に対応したもので、森前議員本人はその後も一向に説明も謝罪もしませんでした。

それどころか、さらに森前議員はその後も繰り返し、国会で私に関するありもしない「疑惑」を言い立てていました。これはもう免責特権の乱用というほかありません。

そこで考えた結果、国会内での免責特権の及ぶ範囲での名誉棄損発言については国会に対して森前議員の懲罰を求めることとしました。しかし、これは黙殺されました。仕方がないので、国会外での名誉毀損と住所公開について森前議員を提訴することにしたのです。

## 裁判慣れしている森前議員

**髙橋**　裁判には森前議員も出廷したんでしょう？

**原**　これがまた驚きなんですが、最後に森前議員と私と両方が出る尋問があったのですが、森前議員は、驚くほど低姿勢でしおらしくしているんですよ。

私は実はこの件に関しては非常に自信があったこともあって、かなり堂々と話したんですが、これは裁判官の心証があまりよくなかったようです。一方、森前議員はまさに借りてきた猫のような態度でした（笑）。森前議員はほかにもいくつか裁判を経験して慣れているからでしょう、その方が裁判官の心証がいいということを分かっていたみたいです。

**髙橋**　私も裁判に出たことはあるけれど、自分の件ではなくて参考人だったから気楽なものでした。不良債権に関する裁判で、検察側の証人だったのですが。

でも、裁判の時は手元の資料を見て話してはいけなくて、「あなたの記憶通り喋ってください」なんて言われて、びっくりしました（笑）。いくら何でも六法全書にある条文をすべて覚えているわけじゃないから、そこだけは見てもいいよと言われたんだけれど、後は一切ダメでしたね。

**原**　相手方の弁護士が、こちらの信用を落とすためにわざと条文を尋ねたりして、慌てたり答えられない様子を裁判官に見せつけようとすることもありますよね。

森前議員との裁判では一審、二審、ともに勝ちましたが、これで終わりではありません。森前議員から賠償金の支払いはあったものの、いまだに私に対して謝罪の連絡もありません。今は落選して国会議員ではなくなりましたが、公人としての立場で名誉棄損とプライバシーの侵害をしたことは確かですから、それに対してはまず何らかのコメントなり、謝罪なりをすべきではないでしょうか。

それとも森前議員は、「間違いを認めない」人なのでしょうか。マスコミにしても、役人にしても、議員にしてもそういう傾向の人が多いのかもしれませんが、許されることではありません。私は森前議員の国会質問には鋭いものがあると評価していた部分もあるんです。にもかかわらず、このままほっかむりで自分の発言や行為の責任を取らないようでは問題です。

森前議員に勝訴して賠償金は34万円です。私としては今後、同じような問題が再発して、また別の被害者が出るようなことは避けたいと思いながら裁判を戦ってきました。そうでなければ「賠償金34万円」のためだけに持ち出しして戦ったりしないですよ。でも今の状態だと、残念ながら同じことが必ず繰り返されるでしょうね。

また別途、国会議事録から森前議員の妄言を削除してもらうとともに、国会改革に乗り出そうと動いています。

## 官僚は殴り返して来ない

**髙橋**　裁判は労力もかかるし、もちろんおカネもかかります。勝訴して賠償請求や裁判費用の一部を相手側が負担することが認められたとしても、全く割に合わないものです。

**原**　もちろん割に合いません。時間と労力も、ものすごくかかっています。弁護士費用だけでも賠償額よりかかっているので、完全に赤字です。ちなみに弁護士は、毎日新聞との訴訟は喜田村洋一弁護士、森前議員との訴訟は沖隆一弁護士、篠原議員との訴訟は岩井翼弁護士、さらに三件ともに国峯孝祐弁護士に依頼しました。喜田村弁護士はジャニーズ事務所と週刊文春の訴訟などを担当したことでも知られる、この分野の第一人者です。皆さんいずれも、膨大な資料を整理して緻密な準備をし、実に説得力ある有効な主張を展開して、勝訴に導いてもらいました。この方々には本当に感謝しきれません。ただ、弁護士費用は基本的に賠償額が高ければ成功報酬が増える仕組みですから、私の案件は、賠償額が数十億になるような案件と比べれば、手間ばかりかかって報酬は低い案件だったはずで、申し訳ないことでした。

**髙橋**　所得も下がったのではないですか？

**原**　２０１９年に記事が出た時は明らかに下がりました。講演はすべてキャンセルになりましたし、事業収入が目減りしたことは確かです。

何よりきつかったのは、裁判のたびに資料を読み返さなければならず、そのたびに当時の怒りがぶり返してきたことです。裁判には時間がかかるので、記事が出てから2年くらいたって当初の怒りも穏やかになってきた頃に、また思い出さなければならないのが苦痛でした。

ただ、毎日新聞社も、森前議員も篠原議員も、どうも反撃されるとは思っていなかったようです。私もこの記事を書かれた時にいろいろな人に相談したのですが、先にも述べたように、多くの人は「もう静かにしているしかない」「反撃しても勝ち目がない」「かえって揚げ足をとられたり、もっと嫌がらせされる」というばかりで、「大人しくしていればそのうち収まるから、じっとしていた方がいい」と言っていました。

おそらく実際、みんなそうしてきたんです。

**髙橋**　泣き寝入りですね。

**原**　特に役所の人間は「国会議員やメディアに反論してはいけない」というのが習い性になっていますよね。

**髙橋**　そういう空気はありますね。

**原**　特に国会は与野党の談合、国対政治で成り立っているので、野党の追及にあまり反撃しすぎると与党の議員から怒られるんです。

**髙橋**　だからみんな黙る。野党合同ヒアリングを見ればわかりますよね。

**原**　黙って下を向いているのが役人の日常ですね。何を言われても殴り返してこない、と。森前議員はそういうのに慣れているから、「どれだけガンガンやっても、役人出身の政府のＷＧ座長代理なら殴り返してこないだろう」と高をくくっていたのではないですか。新聞社の「書いてしまえば真実になる」かのような驕りに加え、森前議員や篠原議員のように国会の中だけに限らずあらゆるところで「議員は免責される」と考えていたかのような実態があります。にもかかわらず、反撃されたので驚いたんだと思います。

## 「刺したい人」と疑惑のスパイラル

**髙橋**　原さんに対する毎日新聞の虚報の件で本当に私は怒っていたのです。なぜかというと、先にも原さんが指摘された通り、メディア・行政（役人）・野党が情報をぐるぐる回して、疑惑のスパイラルを作り上げていったからです。

新聞がどこからか情報の端緒を得て、ちょろっと書く。それを森前議員なりが国会で取り上げて、さらにそれをメディアが報じる。国会議員には免責特権があるから、疑惑が全くの捏造でも発言の責任を問われない。こういうのがありなのか、と。こんなことを許してはいけないでしょう。

**原**　しかもその最初の情報が役所から出ている可能性もかなり高い。私の虚報に関しても毎日新聞が報じる前に、ネット上で変な文書が出回っていたんですよね。役人の中には「この件は大きな問題になりますよ」とまことしやかに煽っていた人もいたらしいし、役所から「紙」をもらっていなければわからないような話があったのも確かです。役所の人たちの中には、私を「刺そう」とか、少なくとも「刺したい」「刺されればいいのに」と思ってやった人がいたのだろうと推測はしています。

**髙橋**　原さんがやっているのは規制改革ですから、既得権益を持っている人たちが猛反発するのは、考えられますよね。

**原**　それは想定の範囲内です。当時手掛けていたのは放送分野、つまりテレビ局の改革や、漁業権に関する水産業の改革などでした。その分野の人たちが反発するのはもちろんですし、関係する役所も基本的に改革には反対です。ですから改革自体を潰すために、委員に対して何かを仕掛けてくることはあり得ます。

だからこそ、自分で言うのもなんですが、この種の話は相当身ぎれいにしているんです。人の数倍、気をつけていて、少しの疑念も持たれないようにしてきました。だから毎日新聞は取材をかけたけれども、その手の話がなかったからこそ、捏造記事での印象操作を図ったわけです。

毎日新聞を含め、私を刺したかった人たちも、収賄の疑いがあるような汚いことをやっているという記事を一発挙げれば、さまざまなタレコミ情報が入ってきて「原は改革の名のもとに私腹を肥やしている」ことを示す〝何か〟が出てくるだろうと考えた可能性があります。しかし結局最後まで何も出なかった、と。

## 「ディスインフォメーション」

**髙橋**　刺したい役人がいて、新聞と国会議員が騒げば、原さんの名誉を毀損できてしまうわけです。原さんが戦わなければ、毎日の記事が真実になってしまっていました。誰かを燃やしてしまおうと思えば燃やすことができるのです。

よくフェイクニュースとかミスインフォメーション、ディスインフォメーションとか言うじゃないですか。それらは同じように扱われているけれども、それぞれ定義があります。

フェイクニュースは最近では「炎上させて閲覧回数などで稼ぐために雑に作られた情報」を指すけれど、ミスインフォメーションは「情報の認識不足、確認不足で誤解したり、取り違えたりした情報」。ディスインフォメーションは「国家・企業・組織あるいは人の信用を失墜させるために、マスコミなどを利用して故意に流す虚偽の情報」なのです。原さんのケースはディスインフォメーションだと思う。

**原**　実際、ＷＧ委員をやめろと政府関係者から言われましたし、この報道が元でキャンセルになった仕事もありますから、もはや「社会的殺人」に近いと言っても言い過ぎではないと思います。こんなことが二度と繰り返されてはなりません。

また、もう一つ言っておきたいのは毎日新聞以外の新聞についてです。私は毎日の記事が出てすぐに反論を公開し、SNSでも拡散されてかなりの人に読まれました。一方で記事が出た当日、すべての全国紙と全国報道のテレビ局から取材連絡が入っていますが、私は「個別の取材には答えない」とし、反論文を読むよう伝えました。

**髙橋**　すでに時代が変わっていることを感じさせる方法ですね。

**原**　ネットやSNSがなかったら、私はもう完全に抹殺されていたと思います。結局、新聞はまったく後追いをしませんでした。一方で、「毎日の記事はおかしい」と批判することもありませんでした。野党の国会議員にはこう言われたのですよ。「時の政権の趨勢にかかわるようなスキャンダルが報じられたときに後追いがないのは、見る人が見ればガセだとわかる」と。「だから放っておけ」ということだったのですが、一般の読者にはそんなことは分かりませんからね。

**髙橋**　後追いも批判もしていないのであれば、判決が出てようやく報じられても、何のことだかわからないですよね。

**原**　実は森前議員の裁判での判決のポイントは、一審でも二審でも「毎日新聞記事の転載」を不法行為と認定したところにあります。新聞記事を元ネタとして尾ひれをつけたりさらなる誹謗中傷を行ったことでなく、単に転載したこと自体が不法行為とされたのです。

この判決がある以上、新聞記事の引用リツイートやＵＲＬを紹介するだけでも、場合によっては損害賠償の対象になり得る、ということです。

しかし毎日新聞はこの判決部分についてまったく報じていません。もちろん、私から記事に対する反論があったことも裁判になるまで報じていません。新聞社にとっては不都合でしょうが、読者にとっては「いつもお金を払って購読している新聞の記事を紹介したら、当事者に訴えられて賠償責任を負うことになった」という事態になる可能性もあるということです。

**髙橋**　毎日新聞は、内容を確認してからでなければもう引用できませんね。

**原**　一方で、免責特権のある国会議員が国会で真偽の不確かな記事の内容を吹聴しても、責任を追及できないわけです。ある意味でメディアと野党が組んで疑惑を掻き立てている限りにおいては、疑惑は払拭できないどころか、どんどん膨張していくことになる。そこに改革派を刺したい業界や役所が絡んでくると「疑惑追及トライアングル」の完成です。私はこの問題にはかなり根深いものがあると思っています。

# 第2章　利権のトライアングル

## 「小西文書」

**原**　私の裁判の経緯を追いながら、メディア・行政（役所、役人）・野党が既得権益を守るため、あるいは改革など政府の政策を潰すために、疑惑追及の名のもとに情報を回していくトライアングル構造があると前章で指摘しましたがこうした事例は他にもあります。

**髙橋**　例の「小西文書」もそうですよね。2023年3月に、元総務官僚で立憲民主党の小西洋之議員が、安倍政権下だった2014年から2015年にかけての放送法第4条の「政治的公平」の解釈について、当時の総理補佐官と総務省との間のやりとりに関する一連の文書を公開した件です。

**原**　「総務省職員から提供を受けた」「超一級の行政文書」と小西議員は述べていましたね。

**髙橋**　そのA4で約80枚の文書の中では、当時の高市早苗総務大臣や礒崎陽輔首相補佐官の発言が取り上げられていました。礒崎陽輔首相補佐官（当時）が2014年11月から総務省に放送法の新解釈などを求める過程が記されていたわけです。

この文書には、2015年3月に安倍氏が「政治的公平の観点から現在の放送番組にはおかしいものがあり、現状は正すべきだ」と発言したとか、安倍氏と高市氏が電話でやり取りしたとの記述もありました。

**原**　高市さんは国会で「放送法について私は安倍氏と打ち合わせをしたことはない」と明言しましたね。さらにこの文書については、自身にかかわる部分しか読んでいないとした上で、「捏造文書だと考えている」と述べ、小西議員が「捏造の文書でなければ閣僚や議員を辞職するか」とただしたことには「結構ですよ」と応じた、と。

総務省は政治的公平に関して「一つの番組ではなく放送事業者の番組全体を見て判断する」との解釈だったわけですが、高市さんは2015年5月に国会で「一つの番組でも極端な場合は政治的公平を確保しているとは認められない」と発言した。小西議員は、これを問題視していたわけです。

**高橋**　騒ぎに騒いで、延々と国会でやったわけです。が、私の見るところ、これは経済安全保障担当大臣である高市さんへの攻撃と、元々総務官僚（入省当時は自治省）だった磯崎さんの地元である大分の選挙に絡んだ話だというのが実態です。とにかく疑惑を書き立てて二人を追い落とそうというものでしょう。

磯崎さんは旧自治省出身ですよね。そして、「小西文書」の中で磯崎さんのことを

「官邸内で影響力がない」と述べている山田真貴子首相秘書官（当時）と小西議員は旧郵政省出身です。つまり、総務省内の旧自治VS旧郵政の骨肉の争いがあるという背景情報を加えれば、この問題はスッキリとよくわかるようになります。

小西議員は「超一級の行政文書」だと盛んに言いましたね。しかし、行政文書であるとはいえ、実際はいい加減なメモレベルの内容のものも結構あります。

行政文書の法的な定義は、「行政機関の職員が職務上作成し、又は取得した文書、図画及び電磁的記録であって、当該行政機関の職員が組織的に用いるものとして、当該行政機関が保有しているもの」（情報公開法第2条）ですが、単なるメモでも他の職員が仕事で使い、見せれば行政文書になるのです。ですから、その正確性とは別問題です。

つまり、文書に書かれていることには、正しい情報もあれば、そうでないものもあるということです。

**原**　私たちは元役人ですから、これは詳しいですよね（笑）。

## 「紙」が正しいわけじゃない

**高橋**　問題にされている２０１５年2月13日「高市大臣レク結果」について見ると、これは作成者が明確な行政文書なのです。しかし、この文書の配布先から大臣、事務次官が抜けているので、正確性が担保されていない典型的な行政文書だと言えます。しかもこの配布先から、総務省全体ではなく旧郵政の内輪情報共有メモであることもわかりますし、高市大臣が旧郵政から部外者扱いされたバイアスで書かれている可能性もあります。

つまり、総務省の高市さんとは関係ないところで、行政文書をたくさん作っていたものが小西議員の手に渡ったということでしょう。

**原**　高市さんは最初、ぶら下がりで「怪文書の類」とまで言ったので、「公文書を怪文書とは何事だ」という反発もありましたね。でも公文書だからといって捏造されていないとは限らないんです。この件での総務省の役人は最初から様子がおかしくて、「記憶にはないが、文書が残っているのならそうだったと思う」という趣旨のことを言っていました。そのうちに、当時の大臣秘書官も「大臣や総理へのそんな説明があったとは思えない」と言い出した。結局、これは誰かを刺すために捏造された文書ではなく、大臣に説明していないことを「説明した」ことにした虚偽報告に基づく文書だったということです。文書自体は公文書ですが、そこに書かれている事実は存在しなかった、という。

**髙橋**　公文書というと正しい内容が書かれていると思いがちですが、捏造もできてしまうようなものです。私はこの文書の件の報道を見てすぐに「インチキだ」と分かったんだけれど、メディアの人は案外、こういうことが分かっていないみたいで、「公文書が出た！」と大騒ぎするんですよね。メディアの人は取材のときに「何か『紙』はありませんか」と聞いて回るんですけれど、紙、つまり公文書があったからと言ってそれが事実とは限らない。「紙ください、紙ください」って、ヤギじゃないんだから、と思います。紙があってもそれだけじゃあどうしようもないのにね。

加計問題の時もそうだったでしょう。あれは文部科学次官だった前川喜平さんが内部から文書を持ち出したか、現役の文科官僚が朝日新聞に持ち込んで前川さんが解説するというマッチポンプを展開したのではないですか。役所の中で公開を前提とせずに作っている文書を外に流すことによって、時の政権やターゲットを貶めようとする手法があって、小西文書もその一環だと思います。

## 役所に都合のよい「解説」

**原**　小西文書と加計問題との若干の違いを指摘しておくと、加計の時に出てきたいわゆる「総理のご意向」文書は、発言自体は捏造されたものではありませんでした。内閣府の規制改革を担当する側の役人が「総理の意向だから進めてください」と文科省の人間に言っていた、というだけの話で、それは当然、言うことなんですよね。

ところが文科省の役人だかが朝日新聞に持ち込んだ時に、「『総理のご意向』と書いてあるだろう、これは安倍さんが加計さんの件を進めろと指示しているんだ」と公文書の読み方を「解説」したのでしょう。その筋で朝日新聞も報じたから大騒ぎになったわけです。しかし本来の意味するところは、全体を読めばわかるように「官邸の会議で規制改革をしっかりやれと言っていました」という話です。

ところが朝日新聞は初報で「総理のご意向」というところだけをクローズアップして、他のところには影を落とす細工をしたうえで文書の画像を掲載しました。

**髙橋**　「『国家戦略特区諮問会議決定』という形にすれば、総理が議長なので、総理からの指示に見えるのではないか」という部分を読めないようにしましたね。

**原**　都合の悪いところを見せず、「まるで安倍総理が加計学園を優遇するための意向を示した」かのように印象付けたんです。

これはこれで悪質ですが、いわゆる「小西文書」の場合は質が違って、文書には高市さんが放送法第4条の解釈を変える件について聞かれて「これから安保法制とかやるのに大丈夫か。民放と全面戦争にならないか。一度首相に直接話をしたい」と言ったことになっています。さらに安倍さんと電話で話したことにもなっている。その一方で、高市さん自身はこの件について全く説明を受けていなかったのです。つまり、存在しないことを存在したかのように書いた文書が混ざっていた点で、より悪質な話だと思います。

**高橋**　これは明るみに出たから悪質さがバレたのです。通常は誰もチェックしないし、中の人しか見ないからこういう悪事は分からないんですよ。

例えば加計の話では規制改革を担当している内閣府、獣医に関する部分を担当している農水省、新設が検討されている学部を担当する文科省と省庁をまたいで話し合っているわけですが、それぞれの省庁で作っている公文書は、同じ会議のものでも中身は全く違ったりしますよね。

**原**　それぞれの公文書を突き合わせないのだからそうなりますね。

## 「元放送政策課課長補佐」

**髙橋**　私が財務省にいた頃、総務省との間で予算の話なんかもしていたんですね。興味深かったから後に当時の折衝はどう書かれているんだろうと思って、その時の総務省側の文書を見せてもらったことがあるんです。すると、なんと全くのでたらめが書かれていました（笑）。

どうしてその文書を見たかったかというと、本来は財務省と総務省、双方の了解の下で開かれる共同管理の審議会を総務省が勝手に開いたので、これをあちら側ではどう書いているんだろうと気になったわけです。それを見たら、あたかも総務省が正しくて、財務省の了解の下に開催したかのように書いていたから、驚いたわけ。全く話が違うのですよ。でも相手側がどう書き残したかなんて、当事者が見ないとわからない。結局、省内の文書はどの省庁も自分のところに都合のいいように書いているんだなと思いましたね。

もちろん、小西文書はまったくない話をあったかのように書いているから度を越してひどいわけですが、ニュアンスを書き換える程度のことはよくあることです。

**原**　「話をちょっと盛っちゃう」とか。

**髙橋**　その程度はたくさんあるよね。

**原**　小西さんも役人出身だから、公文書といってもこういう問題があることは重々分かったうえで、わざとやっているのでしょう。もちろん民間でも、相手企業との折衝を、自社に有利な形で書き残しておくということはあり得ると思いますが、役所ではそれがより過剰な形で出てくる。これはやはり「役人は間違ってはいけない」という無謬（むびゅう）性の原則みたいなものがあるからで、「自分は正しかったんだけれど、大臣が変な人だったのでねじ曲がってしまいました」と総務省が書いておくということは起きがちなんです。

**髙橋**　無謬性の問題はありますね。小西議員はこの文書の疑惑と同時期に、憲法審査会を巡って「サルがやること」「蛮族の行為」などという問題発言をしましたが、これを報じたNHKとフジテレビに対して、「（総務省）元放送政策課課長補佐に喧嘩を売るとはいい度胸だ」とツイッター（現X）に投稿していました。役人の無謬性に議員の特権意識が重なると、もう手に負えない（笑）。

**原**　小西議員はさらに「サルがやること」「蛮族の行為」という発言を掲載した産経新聞の担当記者に対し、LINEで「オフレコでしかも撤回した発言をよく書くな」「書くのであれば以下も追記するように」と要求し、「修正しなければ法的措置をとる」とまで圧力をかけた、と産経が明らかにしましたね。

**高橋**　公文書に話を戻すと、役所の中でそれを書いてもチェックする人がいないんだから、役所の都合のいい内容になります。勝手に書いて上に報告して「私は間違っていません」としておけば終わりだもの。記録性、正確性が担保されていない。なのに、メディアの人たちや野党議員にはそれがわからないから、「公文書、行政文書に書かれているじゃないか！」と騒ぐ。「超一級資料だ」「動かぬ証拠だ」とメディアが報じたら、フェイクニュースになることは十分あり得るわけです。

## 高市大臣はなぜターゲットに

**原**　そういう意味では、加計での騒ぎ方は「小西文書」よりも戦略的なやり方でした。文書をメディアに渡して大きく報道させてから、野党議員が乗っかって政府を批判するという方が効果的ですから。戦略的だから激しく燃え上がった面があります。私の裁判で篠原議員が言っていたように、全国紙が一面で報じたらいまだに事実だと思われてしまうわけですよ。

一方、小西文書は最終的にはしぼんでしまった。今、髙橋さんがおっしゃった小西議員の自爆や、さらには産経新聞に小西議員が圧力をかけるなどの場外乱闘もありました。総務省自身も内容を整理し、関係者に聞き取りを行った調査報告を出していますが〈発言者等の確認を取らないまま作成された文書、伝聞に基づく文書については、十分な事実関係の確認が困難な場合がある〉などとしています。

**髙橋**　小西議員は最初からそういうものだと知っていて「大問題だ！」と公表したのだろうと思います。彼だってそういう文書を総務官僚時代に書いていたわけで、公文書、行政文書といっても内輪で回すためだけに作られたメモだってことはすぐにわかるはずですよ。

**原**　メディアも髙橋さんが指摘されたようにすぐに騙されますから、騒げば官邸が放送法について圧力をかけた大問題だという話にできるだろうと思ったのでしょう。

ちょっとセンスが悪かったですが。

**髙橋**　2023年3月にこれを出してきたという時期の問題もよくわからないですよ

ね。例えば高市さんは2024年に入ってから、経済安保担当大臣として、セキュリティ・クリアランス制度に関する法案の成立を進めていたでしょう。経済安全保障上の機密情報の取り扱い資格を、国が身辺調査で認めた民間人にも与えるものです。小西議員や立憲民主党からすれば、これを潰すために何かスキャンダルや疑惑をぶつけるというならまだ分かりますが一年早い。磯崎さんに関しては、大分で参院の補欠選挙があって、落選していた磯崎さんが出るか出ないかという話があったから、ダメージを与えたかったんでしょうけれども、高市さんに関しては2023年3月当時に何かありましたっけ。

**原**　「何か大問題が起きて、今国会では見送り」ということ自体は、これまでも起きがちでしたけどね。

## 「さざ波」発言はなぜ叩かれたのか

**髙橋**　私もその構図で、ひどい目に遭ったことがあります。2021年5月に菅義偉内閣の内閣官房参与を辞めることになったわけですが、あれは例の「さざ波」発言が契機でした。欧米と比べて日本のコロナ被害は顕著に少なかったので、「感染者が増えたと言ってもさざ波みたいなもの。これで東京五輪を中止するのは合理的ではない」という主旨の発言をしたら、えらく叩かれました。

**原**　新型コロナウイルス感染者数に関する各国の比較グラフと一緒に、「日本はこの程度の『さざ波』。これで五輪中止とかいうと笑笑」（2021年5月9日）とツイッターに投稿したんですよね。

**髙橋**　この発言の何がどういうふうに悪かったのか、今に至っても全くわからない。国際比較のデータを出して「日本の感染者増加の波は小さいですね、さざ波のようなものです」と事実を言ったに過ぎません。それを「けしからん」とメディアも野党もスクラムを組んで押し寄せてくる。こっちもこらえ性がないから「バカバカしい、だったらもう辞めてやる」となったんだけれど。

**原**　あれも背景があったんでしょうか。

**髙橋**　後で菅さんが私の番組で話してくれたのですが、要するに同時期に重要土地利用規制法の議論があって、内閣委員会で審議されていたんです。私もすこし関与していたのですが、自衛隊の基地や駐屯地の周りや原発基地周辺、離島など安全保障上の重要な土地については売買に制限を設けるという法案で、2021年6月に成立しています。

これを通したくない人たちが主に野党にいて、マスコミが一緒になって私の件を騒ぎ立てて「髙橋が変なことを言っている、内閣委員会に呼べ」と言い出した。つまり、この件を取り上げることで重要土地利用規制法案の審議を時間切れに持ち込もうとしたんだろうというのです。

政府の方からは「批判は心外だと思うけれど、こらえてくれ。挑発に乗らないでくれ」と言われたのですが、こっちはその時点ではなんでこんなバカみたいなことでやり玉に挙げられているのか、正直言ってわからなかった。「とにかく髙橋を国会（委員会）に呼べ」の一点張りでしたからね。

結局、自分から参与をやめたから、重要土地利用規制法はすんなり通りました。狙いは明らかだったし、所管する内閣府もそれは分かっていたから、「こらえてください」「反論しないで」と言ってきたのだと思います。

## 毎日新聞と森議員の連携プレー

**原**　小西文書にしても、モリカケにしても、あるいは私の件についてもそうかもしれませんが、ここまであからさまに、役所が材料を提供して、メディアと野党がタッグを組んで疑惑を膨らませていくというやり方を発明したのは、割合最近のことだと思います。

いわゆる「安倍案件」と見なされるものは、野党もメディアも政権が大嫌いで、改革のメスが入りそうな行政側も抵抗していたので、連鎖が働きやすかったのかもしれません。

私のケースもいわば「安倍案件」で、役所も背後で支援しつつ、毎日新聞と野党がいかに情報を回して、連携して問題を大きくして行ったかという話でした。安倍総理自身も、ある意味では私が政権の代わりにやり玉に挙げられていることを認識しておられたので、ずいぶん気にかけて、応援してくださいました。

分かっているところで言えば、毎日新聞の記者は2019年6月の記事の後、私に取材したり、役所に取材した内容を紙面に書かず、森ゆうこ前議員に渡していたのではないかと思われる形跡があるのです。毎日新聞の取材を受けた後に突然、森前議員が国会でその取材内容と全く同じ内容の質問（4つ）を行ったので驚きました。どうも最初から連携していたのでないかと疑われる節がありましたね。

**髙橋**　時系列を追って説明しておくと、２０１９年10月15日に森ゆうこ議員（当時）が原さんを参考人招致することを要求し、11日に政府に質問項目を通告。それを受けて内閣府の職員が原さんに質問内容について連絡しています。そこに私が勤める嘉悦大学の件が出てくるから、原さんが私に連絡をくれた。そして11日には森前議員自身が15日に国会質問するとして、国家戦略特区についても国会で取り扱うことをツイートしていたのを確認しています。

それを受けて私が14日の朝「虎ノ門ニュース」というネット番組でこの件について話したところ、森前議員が「事前通告だ！」「質問内容が漏れている！」と大騒ぎしたという経緯です。でも、その質問項目が毎日新聞の取材と全く一緒だとするとそちらの方がずっと大きな問題ですよ。

ところがこのことをツイッター（現X）で説明したところ、森前議員は引用リツイートでこう書いてきました。

〈へーーーー！「嘉悦大学」という固有名詞だけで、嘉悦大学の教授全員に内閣府から連絡が入ったのですね。すごいなそれ。〉（２０１９年10月16日）。これもまだツイッター上に残ったままですよ。

**原**　毎日の記事には髙橋さんのことは一言も書かれていないにもかかわらず、髙橋さんの写真は国会（予算委員会）で使ったパネルに掲載されていました。判決が出てから森前議員のブログを念のため確認したら、その髙橋さんの写真がそのまま残っていましたよ。削除せず、判決が確定するまで公開していました。「何か悪いことをしたやつだ」とほのめかし続けています。

**髙橋**　森前議員が調べ切れるとは思えないから、役人か毎日新聞から情報提供があったんじゃないかな。

原さんのことを書いていた記者が、戦略特区絡みのネタを探していたのか、嘉悦大学に取材をかけていたことがありました。元の情報はネット記事なんですが、私と岸博幸さん（慶応大学大学院教授、元経産官僚）が「特区ビジネスコンサルティング」（いわゆる特区ビズ）の顧問をしているという話で、これによって大学もおいしい思いをしているという筋書きで取材していたようです。嘉悦大学はそんな特区申請をしたことはないので、普通ならそれで話は終わりのはずです。

しかし毎日新聞では書けなかったから、森前議員に垂れ込んだのかもしれない。森前議員の方ももらった資料をそのまま使ったのかもしれない。あくまで推測です。

でも当時は「原さんの次はこっちに来るかな」と思いましたね。原さんがものすごく頑張ったから、さすがに毎日新聞も記事にしなかったのだろうけれども。

**原**　当該記者が嘉悦大学に取材に行ったのは、私が反論した後ですからね。どんどん戦線を拡大するつもりだったんでしょう。しかし何も見つからなかったから書けなかった。毎日も、森前議員も。

## 会見を止めようとした与党幹部

**髙橋**　でも大学はメディアの取材が来るとか、国会で悪い文脈で取り上げられるとなると焦るじゃないですか。風評が広まることもそうなんだけれど、実は大学が最も嫌なのは、この手の話が出ると文科省から叱られることなんです。

だから毎日新聞もうまいところを狙ったなとは思いましたね。教授によっては、大学から叱られるのが嫌だから、抵抗せず、適当なところで手を打つ人もいますから。表には出ていないけれど、私だって首の皮一枚つながった、というくらいのもので、原さんが戦ってくれたから命拾いしたのですよ。

質問通告の問題で森前議員は私のことを、「髙橋洋一氏は、やっぱり預言者?·透視能力をお持ち？・霊能者？・エスパー？・」とツイッター（現X）で書いていたけれども、森前議員こそ「毎日新聞から聞いたのでなければエスパーなのか」と言いたい（笑）。毎日新聞から取材内容について聞いたうえで、国会質問に使っているんじゃないですか。

**原**　これではほとんど西山事件みたいなものです。一応説明しておくと、西山事件とは1971年の沖縄返還協定に関して、毎日新聞政治部の記者だった西山太吉が外務省職員の女性と強引に性的関係を結んで、それをテコにして機密情報を入手し、これを野党の国会議員に漏洩して、野党議員が国会で追及した、というものです。西山自身も国家公務員法違反により最高裁判所で有罪判決を受けています。

**高橋**　取材で得た情報を記事に書かず野党に渡して騒ぎにする、というのは毎日新聞の伝統芸なんじゃないの（笑）。

**原**　私の時にはそれがうっかり表からでも見える形になってしまったんですが、他でもそういうことを年中やっているんだろうと思います。

この時、質問通告の件は何も問題はないことを記者会見で説明しようとしたら、その直前にやめろと言ってきた人がいました。役人を通じてで、与党幹部でしたけれどもね。自分の名誉の問題なので、止められるいわれもないと思ってそのまま会見を開きましたが。

**髙橋**　「国会がややこしくなるから、バカげたことをやりなさんな」ってことか。

**原**　私が役人出身だから、役人の論理で言えば会見取りやめに応じると思ったのでしょう。こういうわけで、野党が嘘八百言っても反撃されない。森前議員も経験上、いくらやっても大丈夫だと思っていたのです。だからこれは、森前議員個人の問題ではなく、国会の仕組み全体の問題なんです。この国会の仕組みを変えていかなければ、嘘八百を野党が言う状況は温存されてしまいます。

杜撰な取材内容だとしても、先に野党議員に伝えて「野党合同ヒアリング」で役人を呼び出して追及してくれれば、メディアが取材する以上の情報が出てくる可能性もあるかもしれない。メディアと野党がお互いに利用し合っているのです。調査能力や調査の権限がある国会議員と、記事で報じれば社会的な影響力を及ぼせるメディアが連携すると、より破壊力が高まるということです。

## 野党ヒアリングという集団リンチ

**高橋**　野党ヒアリングは「気が重い」「責め立てられる」とさすがに役人にも不評だったみたいだけれど、メディアと野党にとっては意味がありますね。

**原**　出席するのは課長か、課長クラスですが、これはものすごくストレスが溜まるようです。私の案件でも野党合同ヒアリングが開催されましたが、内閣府の担当者は連日、ヒアリングに呼び出されて延々と私のことを訊かれるんです。

　だから担当者も毎晩、私に電話してきて、「明日はこういうことを訊かれるようだ」というので、こちらも「それはこういうことです」などと教えていました。ヒアリングの動画がいくつも上がっていますが、あれを見ても「よく精神を病まなかったな」と思うくらいひどいですね。

**高橋**　私たちが現役の役人だった頃は、あんなのなかったよね。いつから始まったんだろう、民主党政権の事業仕分けの頃かな。

**原**　そうですね。あの延長線上にあると思います。

**高橋**　政府に仕える役人を血祭りにあげて、メディア的に映えるパフォーマンスをする。

**原**　実は民主党政権の事業仕分けというのは、その前に自民党の河野太郎さんとか、愛知県知事になった大村秀章さんなどがやっていた行政監視のパクリなんですよね。自民党当時は比較的健全になされていたんですが、その後、民主党政権になって蓮舫さんなんかが過剰に役人を吊るしあげて見せるというものに変わりました。しかも、それが国民にウケたんです。

**髙橋**　民主党政権の時に仕分けに参加してくれと政権幹部から言われたんだけれど、「叩きたいだけ」というのがにじみ出ていたんですよね。仕分けの結果として、どう制度改革をするんですかと尋ねても答えはなかった。だから何度も誘われたけれど断ったんですよ。

**原**　あれで役人を吊るしあげたのがウケたので、成功体験になってしまったんでしょう。政権の座から転落しても、その成功体験が忘れられないので、「野党ヒアリング」として再現している。時期的にも、第二次安倍政権から始まりましたからね。

**髙橋**　どうも部活の先輩や腕力のあるいじめっ子なんかが、気に入らないやつを体育館の裏に呼び出してボコボコにする、それをみんなに見せているような感じがして、すごく嫌なんだよなあ。わざと答えにくい質問を吹っ掛けて、しどろもどろになったところをテレビやネットの動画で流しているでしょう。「そういう問題が起きないようにするには、どう制度を変えるのがよいか」といった具体的で意味のある議論が全くなくて、単に猛烈にその時だけ言い立てておしまい。パフォーマンスでなかったら、一体何のつもりでやっているの？

**原**　あれは一応、国会議員は行政に対して包括的に監視する役割を負っているので、包括的な権限のもとに役人を呼び出して、聞き取りを行っているという立て付けになっています。「糾弾の会」と言わずに「ヒアリング」となっているのはそのためで、あくまでも「官僚からお話を聞く」のが目的です。

**髙橋**　国政調査権を背景にした諸活動の一環ということですかね。

**原**　背景としてはそうです。実際に行われているのは「役人をいじめる会」ですけど。

**髙橋**　なるほどね、調査権だと言えないから、「ヒアリング」という言い方をしているんですね。だいたい、あれは一時間かそこらなんでしょ。

**原**　そのくらいだと思います。

**髙橋**　議論するなら一時間じゃ足りないけれど、あんな激烈な吊るしあげを三時間も四時間もやっていたら人格破壊されてしまいますからね。役人の方はつらいと言いな

がら も「一時間耐えれば終わる」と思ってやり過ごしているんじゃないですか。

**原**　たとえ一日一時間でも、毎日やられるのはきついですよ。集団リンチですから。

**髙橋**　それはそうですね。しかもネットで流されるからみんなに見られますしね。

## 役人には反論権がない

**原**　私の件に関する合同ヒアリングも、まだ動画が残っているかもしれません。

役人は国会での答弁もそうですが、合同ヒアリングも、基本的には反論権がありません。国会の場合は明確にルールが決まっていて、質問するのは国会議員、役所は大臣も役人も、答えるだけで反論してはいけないことになっています。私も髙橋さんも時々参考人として呼ばれることがありますが、この時も最初に注意を受けるのが「反論や逆質問をしないように」ということです。

これはなぜかというと「国対政治」という名の談合とも関連があり、野党に反撃しすぎると与党も困るからです。役人など参考人は一方的に質問されたことに答えるだけで反論してきませんから、スキャンダルを追及したい側にとってはとても有利なルールになっています。相手が殴り返してこないのをいいことに、一方的に殴りつけて攻めの姿勢を印象付けることができる。答える側が否定しても「納得がいきません」「答えになっていません」「疑惑は深まりました」といって締めてしまえばいいというのが国会質問なんです。

**髙橋**　不毛ですね。

**原**　野党合同ヒアリングは国会と違ってそこまで事細かなルールが決まっているわけではありませんが、だからこそ余計に悪くて、野党議員による集団リンチスタイルになっています。国会だったら一対一ですが、野党合同ヒアリングでは議員が大勢集まって、役職的にも低い役人を呼び出して、あらゆる方向から殴りつけるという仕組みになっています。しかも絶対に反撃されません。

**髙橋**　まさに集団リンチ（笑）。でも野党はこれに反論しているんですよね。牧原秀樹元厚生労働副大臣（当時）が２０１８年3月に働き方改革関連法案の事前審査をする自民党厚生労働部会で「野党合同ヒアリング」について、「公開リンチ」と発言したことに、立憲民主党の逢坂誠二議員は質問主意書まで出して反論していました。その後、牧原副大臣は撤回して謝罪ですよ。

**原**　私の問題では、役人だけでなく野党から「原自身が出席すべきだ」という声が上がったので、私も出席しようと思ったことがありました。役人が毎日吊るしあげを食らっているのがしのびなかったのでね。そこで森前議員らと同じ政党に所属していた、心ある国会議員に「出席しようと思うのですが」と相談にいったら絶対やめろと言われました。「あれは集団リンチであって、反論なんかしようとしたってその時間も与えられない。発言を遮ってワーッと言い立てて、とんでもない悪いやつだという動画を作るだけだぞ」と言われたので止めました。出席せざるを得なかった役所の方には本当に申し訳ないことをしたと思っています。

**髙橋**　それにしても、あんな気分の悪い吊るしあげを見て、誰が喜ぶんだろう。

**原**　喜ぶ人が世の中に20％くらいはいるんでしょうね。「あんなに必死に追及している」「役人をやっつけている」「政府に厳しい姿勢を取っている」と称賛する人たちが一定数いて、野党としてはその一定の層にウケればいいんですよ。その路線で選挙を戦えば、比例復活くらいは手が届きますから。そこにメディアが手を貸しているのも確かです。

## 政権批判と役所の利権

髙橋　そうやってメディアや野党が一定の層の受け狙いでやったことが、ひいては行政の遅滞を招く。規制改革に対する妨害もそうなら、他にも例えばマイナンバーカードの問題もそう。私は重宝して使っているからピンとこないけれど、メディアが「紐付けのミスが発覚した」と報じるや、野党がそれに乗っかって大騒ぎするでしょう。ミスが起きるのは当たり前だし、直すのもそんなに大変な作業ではないんだから、いちいち大騒ぎする必要はない。それなのになぜ大騒ぎしているのかというと、やっぱり叩きたいだけで、その先に何か改善策があるわけではないんだろう、と思いますね。

マイナ保険証にしても、紙の保険証を持ち歩くよりもマイナカードと一体化した状態の方が、落とした時のリスクは低い。でもそういうことを一切考えないで、「今の保険証を変えるな」「紙の保険証を残せ」という。今の保険証は不正利用が多いからそれをなくしたいというだけの話に、なぜ反対するのかさっぱりわからない。不正利用しているようなお友達が多いのかなと思ってしまいます。そもそも顔写真もチップも入っていない紙の保険証を身分証として使ってこられたこと自体がまず変なのですよ。

マイナンバーカードと運転免許証との紐付も反対しているでしょう。本来なら一緒にして、一枚で済むようにした方がいいと前から思っているんだけれど。

**原**　免許証に関して言えば、一体化をさせないことで利権を温存したい人たちの意思が働いているように思います。免許センターで更新業務をやっている人たちは役所のＯＢで、警察官もいますよね。

**髙橋**　警察の再就職先になっていますからね。視力検査をする人、講習を担当する人、写真を撮る人って、職員が大勢いる。あんなのデジタル化でもっと簡単にできるはずだけど、就職先の確保のために温存しているわけです。

**原**　コロナの時にさすがに「免許センターの教室に人を集めて講習を受けさせるのは如何なものか」という話になって、講習に関してはオンライン受講を試行的に可能にしたんですよ。これで少し動くかなと思っていたら、驚いたことに「オンライン受講は可能だが、免許の更新にはセンターに行かなければならない」という運用になっていたんです。視力検査、写真撮影を現場で行って、免許証もそこで作らなければならない、と。

そこで議論になったのですが、視力検査は免許センターでやらなくても、眼科やメガネ店、健康診断の時の視力検査などで済ませて、データをセンターに送ってもらえばいいじゃないかと。海外ではそういう仕組みになっているところも複数あるんです。しかし抵抗する側は「あれは視力だけを見ているのではない。更新に来た人が異常行動をとっていないか、受け答えはスムーズかといった総合的なチェックをしているので、やはりセンターに来てもらう必要がある」と言い出したんですね。そんなチェックをどこまで本当にやっているのか。やっているという根拠を出せという話になったんですが。

つまるところ、やはりこれも利権になっているということなんです。

**髙橋**　岸田文雄政権になって、この辺りの改革はどうなっているの？　一時、やる気になったように見えたんだけれど。

**原**　その後、全く動いていないと思います。再就職先の確保として改革に反対しているんでしょうけれど、別にその仕事を奪って放り出すという話ではなくて、もっと人手がいるところで働ける仕組みを作ることが同時に必要なんです。斡旋とか天下りのように恣意的な利権構造に絡みとられることなく、求められるところに必要な人材が移動できるような、流動させるような仕組みを作ろうと言っていたんですが、これも進んでいません。結局、それぞれの役所が自分たちの縄張りの中で行き先を探してあげる仕組みになっているから、こうした構造が温存されてしまうんです。

**髙橋**　メディアや野党も、こうした問題に切り込まずに政権批判の文脈で「マイナ保険証は危険！」「運転免許証との一体化は問題山積み」とやるばかりで、結果的に利権構造を温存することに加担しているんですよね。

**原**　まさに「利権のトライアングル」です。

## 疑惑をぐるぐる回して増幅させるシステム

**髙橋**　先ほども話に出たけれども、こうしたメディア・行政（役人）・野党のトライアングルは、少なくとも第二次安倍政権期から始まったものですよね。その前の民主党政権時代はメディアは政権批判が甘かったし、さらにさかのぼると安倍・福田・麻生政権にもまだそういうものはなかったです。小泉純一郎政権時は「劇場型」と言われて、メディアは上手に使われていました。

**原**　確かに小泉政権はメディアとうまく付き合っていました。

**髙橋**　特に、飯島勲さんがうまく対応していたんですよ。竹中平蔵さんもメディアとの付き合いがうまかったけれど、これは時代もあったと思います。規制改革に対して、メディアが肯定的に見ていたし、小泉総理自身が「自民党をぶっ壊す」と言っていたから。

あとは、意外と知られていないけれど、小泉政権は財務省とすごく親和的だったんですよね。小泉さん自身が元は大蔵族だし、郵政民営化という小泉政権の柱は、財務省としても「百年戦争の終結」というくらい、ウェルカムな政策だったのですからね。だから小泉政権期はメディアも財務省も政権寄りでした。それが第一次安倍政権になったらガラッと変わったので驚いたものです。まさに一変でした。

第二次安倍政権では第一次政権と比べれば、安倍政権内の人たちもメディア対策がうまくなっていたと思うけれども、それ以上に一部の反発は強まりましたね。だからこそ野党と組んで疑惑をぐるぐる回して増幅させるようなことを始めたんじゃないかな、と。

**原**　野党とメディアの疑惑追及サイクルによって、行政が遅滞し、改革が潰される。やりたい放題で、まともな政策が実施できないというのは大問題です。これを何とかしたいという問題意識が、私自身の訴訟の目的でもありました。しかし裁判が終わっても、まだ十分に結果が出ているわけではありません。

先ほど、役人の無謬性に触れましたが、メディアもそういうところがあって、「自分たちこそが正義で、間違いは認めない」体質があります。ここから変えていかなければなりません。

# 第3章

# 規制改革を潰すのは誰か

## メディアが規制改革反対派になった理由

**髙橋**　今回の毎日新聞による「原潰し」には「戦略特区潰し」の意味もあったと思うけれども、以前のメディアは規制改革を比較的好意的に取りあげていましたよね。岩盤規制や利権に切り込む、というのは教科書的にも〝きれいな話〟だから、メディアとしても応援しやすかったのでしょうけれども。

**原**　確か、二〇〇〇年代ぐらいまでは朝日新聞も規制改革推進派の論調を取っていました。理由はまさしく、消費者の味方だからでしょう。既得権益者と消費者という対立構造が俎上に上がれば、新聞をはじめとするメディアとしても「消費者、市民の味方」側に立つわけです。それで「規制改革推進」側についていたのでしょう。

　しかしその後、規制改革の「反対派」というか「疑念派」へとスタンスが変わっていった理由の一つに、旧民主党の立ち位置の変化があるのではないかと思います。政治の世界では、自民党が既得権益の擁護で民主党は改革推進というところからスタートしていますが、改革を推し進める小泉内閣が長く続きました。また、政権交代を挟んで、やはり改革志向の安倍政権が戦後最長政権となったわけです。その中で、旧民主党が自民党の逆張り、つまり「改革反対」の旗を掲げざるを得なくなっていきました。

それにつられて、朝日新聞も一緒になって改革反対の方向に舵を切った。毎日新聞などもそれに追随している。これが第二次安倍政権以降に明確になったのだと思います。

**髙橋**　もっと言えば「アベガー（反安倍）」ありきということですよね。「改革は大事だ、必要だ」と言いつつも、「反安倍」の方が彼らにとっては大事。だから、安倍政権が進める改革にも反対するようになったのではないですか。

**原**　政権を監視して指弾したい、強い力を持つ政権には反対しなければならないというゆがんだ使命感みたいなものもあるのでしょう。ましてや安倍政権だから、安倍総理が「岩盤規制を打ち破る」「規制改革だ」と言っている以上、「改革なんてとんでもない、きっと悪いことに違いない」という方向になっていく。そしてついには「戦略特区なんてお友達のための『別の形の既得権益』だ」という論理を持ち出したわけです。加計問題などはまさにそうした論理ですよ。

**髙橋**　原さんをターゲットにした毎日新聞の虚報も同じ構図。

**原**　実際に自民党内を眺めてみれば、「改革推進」なんて言っている人は私の認識する限り、数人しか存在せず、ほぼ既得権益擁護の人たちばかりです。自民党内で安倍さんや菅さんのような明確な改革派は、ごくごく限られた例外です。

**髙橋**　規制改革をして利益を得る政治家よりも、規制改革をぶっ潰して利益を得る政治家の方が多いと思いますよね。

**原**　だいたい規制改革をやるとなると、既得権を持っている業界が反対し、業界内の労働組合（労働者）なんかが反対します。では、規制改革で誰が得をするかと言えば、通常は広く「利用者」や「消費者」なんですね。

例えば最近のケースでは、運転手不足もあってライドシェアを解禁しようという声が上がったのですが、これは一般のドライバーがアプリを通じて客を取れるようになるため、タクシー業界や運転手は反対します。すると、業界や労働組合と近い自民党と立憲民主党が基本的に反対しますので、解禁されない。一方、利用者を代弁する政治勢力はほぼないので、実現が遠のくことになるんです。

このため、昨年夏頃から、菅前総理が「ライドシェアの実現を」と問題提起して、政府・与党で議論がなされましたが、結局何も動いていません。マスコミでは、今年4月から「日本版ライドシェア」が認められたなどと報じていますが、あれは全くのウソ。実際にはタクシー業界の権益を拡大し、ドライバー確保を少しやりやすくしただけに終わっているのです。

外国人技能実習制度の改革も同様の構図です。この問題は、劣悪な労働環境、失踪事案などが問題になり、海外からも人権侵害と指摘されてきました。見直しを行うことになりましたが、結局、今年の通常国会では、何の改革にもなっていない看板の掛け替え法案が提出され、野党もさして徹底抗戦せず、すんなり成立してしまいました。なぜそんなことになるかというと、問題の根源は、技能実習などという名目で、実際には安価な労働力の受け入れがなされてきたことなのです。本来はここを改めないといけません。ところが、一方には、安価な労働力を求める産業界がいて、他方には、かわいそうな外国人の受け入れを求める人権リベラルの人たちがいる。どちらも結局、現状を基本的には維持したいわけです。

**髙橋**　ライドシェアについて言えば、そもそも、タクシー業界の狙いは、①ライドシェアによる新規参入阻止②技能実習の外国人ドライバーによる低コスト化だったのですよ。業界ロビイングにより、①については、ライドシェアの主体はタクシー会社だけ、しかもがんじがらめの規制なので参入阻止に成功しました。②についても、

「特定技能1号」で外国人タクシードライバー確保可能という結果になったので、これもタクシー業界の勝利です。

タクシー業界に今でも一部いる外国人ドライバーの低コスト化のために②が本命で、そのために①が主張されたフシもありますよね。①については、新規参入させると犯罪率が高まるという、元々犯罪率の高い海外の事例などを元にした奇妙な資料をそろえてきました。①と②により、新規参入なしでタクシー不足は変わらず、外国人の低コストドライバーが増えるという、国民にはメリットがなく業界にメリットのある政策になったのです。

遠くない将来、タクシーは自動運転になりますよね。ライドシェアはそれまでの中期的なつなぎ措置としてタクシー不足を解消すればいいわけです。地域の公共交通として、バスの自動運転はすぐにでもとりかかるといい。

**原**　自動運転になったときに、外国人タクシードライバーはどうするんでしょうね。

**髙橋**　そうなりますよね。ですからまず、②の「特定技能1号」による外国人タクシードライバー確保はやめるべきなのです。「現代の奴隷制度」ともいわれる技能実習制度の大きな問題をさらに拡大することになります。

①について、あまり知られていないが、今でも地域限定のライドシェアはあります。それは一種免許のドライバーで可能なので、これを全国展開すればいいわけです。必要なら日本人ドライバー限定でもいいと思いますよ。

ライドシェアのほうが、事前にドライバーを選択できるなどの犯罪防止面でもメリットが大きいと思います。今であれば、会社をリタイアした世代で、ライドシェアできる人は地域には多いでしょうからね。

**原**　話を戻すと、基本的に、規制緩和や規制改革というものに、議員はみんな反対です。だから与野党揃って反対になり、実現しないという構図が多いのです。

ですから特区ＷＧのような規制改革のための会議体は、広く「規制を緩和してほしい」という事例を寄せてもらって、役所と協議をする役回りになるわけです。規制改革を望んでいる人と接点を持つのがおかしいと毎日新聞は書くわけだけれど、話を聞かなかったら協議もできないわけで、批判が的外れなんですよ。

毎日新聞を始め、改革反対派は自民党内、政権内全体で改革派が強いと思って反対をしていたのだろうけれども実際は違います。規制改革のプロセスも、総理や官房長官がやると言ったからといって、それだけでスムーズに進んでいるわけではない。反対する勢力の方がずっと力が強くて、進んでいない案件の方が多い。そういう構造も分からないまま、特区批判を展開してきたのでしょう。

## 国民不在の外国人労働者問題

**原**　「外国人技能実習制度適正化法（技能実習法）」と「出入国管理及び難民認定法（出入国管理法）」などの改正についてもう少し話しておくと、これも業界の方だけを見ています。消費者、つまり国民不在の議論です。

2024年4月26日に衆院法務委員会で参考人質疑が行われ、私も参考人の一人として陳述を行いました。私の述べた意見は、技能実習など個別制度の手直しの前に、まず「外国人基本法」を制定し、受け入れの戦略を明確にすべきだということです。

これまで日本政府は、なし崩しで外国人政策を進めてきました。表向きは「移民は受け入れない」と言いつつ、実態は安価な外国人労働力の受け入れが拡大したのです。日本人に十分な賃金を払って人材確保できない企業や業界が、安易に外国人労働者に頼り、入管行政も要望に応えてきました。「国際協力」が目的の技能実習制度などの悪用を政府が容認してきたのです。

この結果、劣悪な労働環境や失踪などの問題が出てきて、外国人による犯罪、社会的トラブルなども広がりつつあります。業界・企業が賃上げせず事業を継続する道が用意され、賃金水準低迷の一因となっています。今回の改正案はこのような根本問題を解決するものではありません。「技能実習制度の廃止」を掲げ、実態とかけ離れた国際協力の名目を人材育成などに改めてはいますが、実質大きく変わった点といえば、転職を認めた程度なのです。先ほども述べましたが、看板の掛け替えに近いですよ。

**髙橋**　技能実習法の改正では「技能実習」を廃止し「育成就労」とするとしていますね。育成就労は試験などの条件を満たせば最長5年就労できる特定技能「1号」、その後に在留資格の更新に制限がない「2号」になることも可能です。「2号」は家族を帯同でき、将来は永住権も申請できるとしています。

これ、永住者が増加しますよね。一応、税金や社会保険料の未払いなどがある永住者については、在留許可を取り消すこともできるようになりますけれども。

しかし、育成就労（前の技能実習）から特定技能、さらに永住権という流れは問題だと思います。この流れを見れば、今回の技能実習法と出入国管理法改正は、実質的に「移民法」に見えるわけです。

「はじめに」でも書きましたが、一般的に先進国の外国人の受け入れは、短期と長期に区別されています。しかし、今回の改正では、短期と長期の区別がなし崩しになっているのです。今回の制度改正のベースになっているのは昨年11月30日に公表された法務省の報告書で、そこには「外国人との共生社会の実現」に向けた取り組みが書かれているのですが、これが周回遅れ。今、欧米では共生社会を目指したツケが生じているのですからね。文化・風習が違いすぎるので、共生はできず、外来種に在来種が駆逐されるような事態が起きているわけです。

百歩譲って、外国人の受け入れが経済成長に資するのであれば、まだいろいろな対応ができますよ。外国人受け入れでの国内の社会保障制度へのダメージを、経済成長で補うのであれば、外国人受け入れという対応はあり得るとは思います。

でもそうはならないのです。移民人口比と経済成長の関係を調べてみました。国連のデータでは、２０１０～22年の平均データにより、各国の移民人口比と経済成長をみると、移民人口比が高くなれば経済成長率が上昇するという関係にはなっていないのです。ただ、移民人口比が高くなると経済成長しなくなるとまでは言えません。

ですから、外国人の受け入れでは社会保障の適用などについて「原則相互主義」を導入すべきです。そうでなければ、日本の社会保障が崩壊させられてしまいますよ。

**原**　今、そういう基本的な戦略がなく、まさになし崩しなのです。

今後、人手不足が拡大する中で外国人受け入れの規模は拡大しますから、戦略なき受け入れの負の側面は、さらに大きく広がりかねません。政府が今行うべきことは戦略なき状態の解消だと思います。「外国人基本法」を制定するための、国民的な議論が必要です。

私は「基本法」ではまず、何のために外国人を受け入れるのかを明確にする必要があると思っています。「人手不足の解消」を目的とするのは危ういのです。業界の要望に安易に応え続けることになり、日本人も含めた賃金引き上げを阻害し、日本をより貧しい国にしかねないからです。安価な労働力の受け入れは社会的軋轢も生みやすい。

外国人受け入れの目的は「日本を豊かにすること」とすべきだと私は思います。生産性を高めて経済社会を発展させるため、それに貢献できる質の高い外国人を戦略的に受け入れていく必要があるわけです。外交・安保政策の観点で人的交流を強化すべき国から重点的に受け入れるような戦略性も必要ですよね。

## 民営化の「み」の字もなくなった

**髙橋**　規制改革に話を戻すと、小泉政権で郵政改革、郵政民営化をやったでしょう。あの当時、私もかかわっていたわけですが、メディアからの攻撃はあまり受けませんでした。自民党内と郵政省からの攻撃、つまり抵抗勢力からの反発は猛烈に受けたけれども（笑）。当時、メディアはむしろ味方と言ってもいいくらいだったし、こちらとしてもメディアを味方につけて進めていかなければと思っていたくらいでした。

**原**　明らかにそうでしたよね。いわゆる郵政選挙が２００５年。小泉さんも「抵抗勢力」と名付けて自民党内の反対派を可視化するなど、そういう戦略がうまかった。先ほども話しましたが、朝日新聞も「抵抗勢力を叩くことが市民のため」と当時は思っていたのでしょう。１９９０年代に改革推進派だった論調を続けて、政権の後押しをしたのでしょうかね。

**髙橋**　第二次安倍政権の時はメディアの論調はもうガラッと変わっていました。そもそも、その前の民主党政権の時に、郵政民営化はすぐに逆戻りしているんです。

規制改革と民営化は似て非なるものなのだけれども、民主党政権では郵政に関しては「民営化」なんてとんでもない、という状態になっていたのが実際のところです。民主党政権になった時に、郵政改革に猛反対していた亀井静香議員が金融・郵政改革担当大臣に就任して法律をみんな換骨奪胎して変えてしまっています。郵政は実質「民営化していなかった」というのが本当のところですね。多くの人が勘違いしていますが、実際に行われたのは「再国有化」に近い。

象徴的なところで言えば、本当に民営化したのであれば三井住友銀行から招いた西川善文社長を就任させて経営を任せなければならないのに、追い出していますよね。そのため西川さんは何もできず、というかさせてもらえず、経営のためには人材が必要だと言って三井住友から引っ張ってきた30人くらいの人たちも、民主党政権になったら追い出されてしまいました。そのうえで財務省と総務省の官僚を入れて、お飾りの人を入れて「民営化しました」って、これでは実態が伴っていないでしょう。

もっと言えば株式も売っていない。だから株価も全然上がらない。普通の民間会社とは違うから、それも無理はない面はあるのだけれどもそういう状況です。少なくとも郵政民営化に関しては民主党政権時代に大きくひっくり返ったことだから、旧民主党勢力もメディアも「改革しない方がいい」―という論調に変わった面はあるのではないかと思います。最近ではもう、民営化の「み」の字も聞かなくなったじゃない。

**原**　民営化ではないけれど、民主党政権の時に唯一目立った規制改革と言えば、航空自由化（羽田国際化、オープンスカイ協定）くらいで、それ以外にも通信の自由化、放送の自由化などいろいろやるようなことを言っていたけれど、結局ほとんどやりませんでしたね。

## 放送制度改革に業界猛反発

**髙橋**　放送も安倍さんがちょっとでもやろうとしたら民放が猛反発しましたよね。2018年に安倍政権は放送分野の改革をしようとしたわけです。ネットの事業者が番組制作を手掛けやすくなったことから、新規参入の促進策を検討していました。そこで出ていた4条撤廃で放送・通信の規制を一本化する案は、民放からの反対を受けて見送ったわけです。

**原**　これはまさに私に対する虚報が出る直前の時期にあたる、2018年に議論が本格化したものです。しかも私が担当でした。放送に関する改革が必要だという話は2000年代初頭から出ていて、これはインターネットの発達に伴うものです。

例えばイギリスでは２００６年にはインターネットでテレビの生放送（地上波の同時放送）を見られるようになりました。そうした問題と同時に、これだけインターネット放送が出てきている以上、放送法も従来のテレビ局の体制のみを前提にした議論はおかしいのではないか、ということで話し合っていたのです。が、「放送を巡る規制改革とは、民法の解体を意味する」と取り違えたメディアが大騒ぎして、あっという間に潰されました。

**髙橋**　原さんはそれがもとで毎日新聞に刺されたんじゃないの？（笑）

**原**　毎日の虚報が報じられたのが放送法騒動から約1年3カ月後ですから、もちろん実際のところはわかりません（笑）。ただ、２０１８年当時、メディアがこれまでにないほど殺気立ち、騒動が過熱していたことは間違いありません。「放送法４条の撤廃は許さない！」と。

しかし当時の規制改革推進会議で話し合われていたのはあくまでも「ハードとソフトの分離」で、これも２０１０年代から議論してきたことです。ハードとソフトの分離というのは、送信設備を建てて放送波で番組を放送すること（ハード）と、番組の制作や編成（ソフト）を一体のものとして考えるのではなく、欧米同様に両者を分離して、放送局はハードを管理し、ソフトは制作会社が担うようにすべきだという話でした。そうすれば作った番組をテレビで流そうとネットで流そうと、制作会社にとって違いはないし、視聴者にとってもどちらでも違いがない。

しかしテレビ局は「送信設備というハードも、番組作りというソフトも自分たちが担い、違う経路では流通させない」という「ハードとソフトの一致」を主張したので、ネット配信に遅れが出ていたのです。通信と放送の入り組んだ法律関係は２０１１年に整理され、その時点で「ハード・ソフトの分離」は可能になっていたのですが、実態が伴わなかったのです。そのため新規参入も競争も活性化しない。そこでこの問題に関して「規制改革を完結させるには何が必要か」を話し合っていたのですが、マスコミ関係者はなぜか「ハードとソフトを強制的に分離しようとしている」と取り違えて大騒ぎし、「強制的に分離されたら、災害時の中継車の手配や番組の切り替えなどに遅滞が生じ、国民生活に支障が出る！」（日本新聞協会、２０１８年４月）などという意見書まで出されることになったのです。

**髙橋**　総務大臣として通信と放送の融合をやろうとしたのが竹中平蔵さんで、これが２００５年の小泉政権時代。それから20年近く経って、ようやく「ＴＶｅｒ」というテレビ放送を１週間程度の間、ウェブで見られるサービスが浸透してきました。

## 「早く対応しないと手遅れになる」

**原**　なぜメディアが自分たちを縛ることにもなる「放送法第４条」を死守したがっていたのかよくわかりませんでしたが、これはネットに対抗したいがためだったようです。「自分たちは放送法の規律を受ける特別な存在だ。いい加減な情報、偏った情報を流すネット番組とは違うんだ！」と言いたいあまり、なりふり構わず撤廃に反対した。

一方で、政府が前のめりで放送法第４条を盾にテレビ局を取り締まり始めるのはごめんこうむりたいと主張する。実に身勝手な主張ですが、所管官庁の総務省との間では微妙な均衡を保つ癒着関係も成立していた。だから現実には偏向した番組が作られても、総務省は黙認してきたのです。

もちろん、政治が報道に対して放送法を盾に圧力をかけるようなこともありましたし、メディアはこれに反発しても来ましたが、実際のところは「放送法第４条は残したままにしてくれ、しかし政府は本気で取り締まらないでくれ」というのがメディアの赤裸々な本音だったのです。「小西文書」問題で唯一、価値があったのはこの点で、彼自身も野党議員として報道機関に圧力をかけていましたよね。野党議員でも圧力をかけるのです。ですから、政府や与党であれ野党であれ、権力が報道やメディアに圧力をかけられないように放送法第4条を撤廃するか、放送法の執行権限を政治から切り離して独立規制機関にするか、議論する必要があったのですが、そうはなりませんでした。

**髙橋**　そうやってテレビ局がテレビでの報道にかじりついていればいるほど、ネットで発信する私みたいなのが儲かっちゃうから、そのままでいてくれればいいのだけど（笑）。

私は2006年当時、竹中平蔵総務大臣の補佐官を務めていたわけですが、郵政民営化と地方財政を担当していたので、そのときは放送行政は担当外でした。でも先ほど述べたように竹中さんの下で通信と放送の融合に合わせた放送制度改革が議論されていたわけです。当時、門外漢だった私からみれば、通信技術の発展によって放送法で規制されていることが有名無実化するので、放送制度改革を急がなければならないというのは「常識的」な話だと思いましたね。ところが、実際には、放送の既得権が政治を動かし、改革は全く進みませんでした。

総務省在籍当時、私の仕事部屋は大臣室の隣にある秘書官室でしたが、面識のない多数の人が秘書官室にやって来て名刺を配っていくんですよ。私も名刺をもらいましたが、その中には「波取り記者」と呼ばれる人がいたんですね。

「波取り記者」の「波」とは電波のことです。つまり、いわゆる「電波利権」を確保するために電波行政のロビイングをする人たち。こうした人は新聞業界にもいましたね。彼らの政治のパワーは強力で、その結果として改革が全く進まなかったのです。日本の電波・放送行政が先進国で最も遅れた原因でもあります。

**原**　そして安倍政権でも結局できなかった、と。

**髙橋**　当時、日本民間放送連盟（民放連）の副会長だった大久保好男さんがこう書いていますね。

〈安倍改革案を法制度に照らして整理すると、「政治的公平」「公序良俗」などの番組編集準則を定めた放送法の４条、番組審議機関の設置を定めた６条、マスメディア集中排除原則や外資規制を規定した93条など、放送特有の規制はすべて撤廃する。そして放送局のハードとソフトの分離を徹底させ、地上波に、テレビ局制作の番組だけでなく、ネットなどのコンテンツも流させる、というものだった。

政府の当時の内部文書には「放送（ＮＨＫを除く）は基本的に不要に」「電波の競り上げオークション方式導入」とも記されていた。

安倍さんの話を聞いているうちに、私は顔が火照り、汗がにじんだ〉（日本記者クラブ、「安倍放送改革」の教訓／表現の自由 メディアの使命、大久保好男、２０２４年1月）

そしてこうも書いています。

〈改革の狙いと強い意欲を本人から直接聞き、安倍さんが本気であることが分かった。早く対応しないと手遅れになる。私は当時、民放連副会長だった。在京キー局各社に声をかけ、民放連の幹事会の下に対策会議を立ち上げた。

まず、キー局の社長が定例記者会見で、そろって反対を表明した。私も「間違った方向の改革だと思う」と批判した。与党関係者と新聞各社に、この改革がもたらす混乱を説明し、反対してもらうことにも力を入れた。

幸い、民放の懸念と主張は、大手新聞各社の理解を得られた。

読売新聞の渡邉恒雄主筆は「戦後の民主主義を支えてきたのは新聞とテレビだ。政権批判の放送くらいで民放は不要などと言い出す内閣なら、要らない」とまで言い、安倍さんに思いとどまるよう、自ら説得に乗り出した。〉（同前）

すごいですよね。安倍さんは諦めたわけではなかったともこの方は同じ文中で書いていますけれども。

## 総務省が野放しのジャニーズ問題

**原**　テレビ局の最近の大きな問題といえば、ジャニーズ問題です。これは規制緩和とは直接関係はないけれども、行政と関係事業者の関係性という点では似た点があります。また、新規参入による競争が働かなかったからこそ、この問題を報じるテレビ局がなく、「メディア各社がジャニーズを丸抱えにする」メディアスクラム状態が問題を深刻化させたとも言えますね。

**髙橋**　ジャニーズ問題はイギリスのＢＢＣが報じたから大問題になったんでしょう。

**原**　そうです。ジャニーズ事務所の創業者であったジャニー喜多川氏が、事務所所属の青少年に性加害を行っていたという問題です。週刊誌や裁判で加害実態が明らかになっていたにもかかわらず日本のテレビ局は報じず、ジャニー喜多川氏の責任が追及されないまま、テレビ局はジャニーズ所属のタレントたちを使い続けてきました。そして喜多川氏に気に入られれば「テレビに出演できる」「アイドルとして売れる」という名分によって、被害を告発しづらい状況まで作っていたわけですね。つまり被害が拡大し隠蔽されてきたことと、メディアは無関係ではないわけです。

この問題はもちろん、第一に事務所、そして芸能界に責任があるけれど、利用してきたテレビ局にも問題はあります。特にテレビは報道機関です。問題があれば報じる役割もあったはずなのに、旧ジャニーズ事務所に忖度して報じなかったのです。

**高橋**　この問題、私は詳しくないけれど、ジャニーズ事務所のタレントである嵐の櫻井翔さんの父親は総務官僚でしたよね。しかも旧郵政系の。

**原**　父親の櫻井俊さんは総務省の事務次官を務めましたね。それがどの程度の影響を及ぼしたかと言えば、仮に影響があったとしても「他の省庁と比べ、ジャニーズ事務所や所属タレントとより接点を持ちやすかった」程度だとは思います。

ただ少なくとも、放送局は第三者検証委員会を作るなどして、自社と旧ジャニーズ事務所との関係性を検証しなければならないでしょう。メディアは事務所には「第三者機関による検証をやるべきだ」と追及し、事務所が実施したからある程度の膿が出たけれど、メディアの側は自社内での検証ですよね。

**髙橋**　朝日新聞系の『週刊朝日』なんてジャニー喜多川氏が亡くなった時に「ジャニーさん、ありがとう」と表紙に打っていましたね。ジャニーズ問題が大事になる直前に廃刊したから説明責任も果たしていない。同じく朝日新聞系の『ＡＥＲＡ』が少し触れたけれど、検証の域には達していません。

**原**　これだけ何十年にもわたって事務所内で行われてきたことを、メディアが「みんな知っていたにもかかわらず報じなかった」ことの責任はまったく取っていません。

朝日新聞の社内には性加害を「新聞こそが取材すべき案件だと考えることができなかった」と署名コラムで書いた田玉恵美論説委員など、真摯な検証が必要だと考える人もいる。しかしそれはあくまでも「記者個人」の立場であって、組織を挙げた検証が行われたとは言い難い。特にテレビ局はＴＢＳのようにアリバイ的にほんの少し検証番組を報じたところもありましたが、検証した「ふり」をしているだけです。「当時は同性間の性加害は問題視されていなかった」「だから報じなかった」と言い訳するなど、責任逃れするために作られたようなものです。自浄能力のなさを露呈したと言わざるを得ません。

こうした問題の徹底的な検証を求めるのは、本来は総務省の役割です。電波の割り当て、放送事業を認可している監督官庁ですから、やって当然です。しかしなんとなく彼らはメディアとつるんでいるから、ここには踏み込まないんです。

**高橋** 同じ既得権の上に立っているから、これを絶対に手放したくないからね。同じ既得権を共有する者同士は連携して、なんとしてもこれを守ろうとする。だから監督官庁であるはずの総務省がメディアを監督できない。とんでもない話ですよ。

**原** 海外の多くの国では、メディアはもう少しまともで、各社に所属する記者もジャーナリストとして取材するのが基本ですから、行政に対して厳しい視点も持っています。しかし日本の場合は「政府の監視がメディアの仕事」といっても行政とはつるんでいて、総務省担当記者は総務省が垂れ流す情報をそのまま右から左へ流して「報道です」と言っている。

海外のジャーナリストから見れば、日本の記者にジャーナリズムはないといいます。記者クラブにいて情報をもらって垂れ流しているだけ、と。

**高橋** 私なんか、そうやって役所から情報をもらっているだけの記者やメディアを「ポチ」と呼んでいるんだけれど。読売新聞なんてまさに財務省のポチです。役所が情報をたくさん持っていて、出し入れをコントロールする。メディアはそれをありがたくいただいて、視聴者や読者に垂れ流すだけ。だからメディアは政権にはあれこれ言うけれど、役所には対抗できない。

私は役所にいた頃に、メディアに出す前に先にネットで発表しちゃって、メディアから猛烈に怒られたことがあったんだけれど、腑に落ちなかったな。メディアという以上は、きちんと付加価値をつけて報じればいいのであって、役所の発表を右から左へ流しているからおかしなことになるんですよ。この辺りをきちんとすれば、まだメディアも生き残る道はあると思うんですけどね。

**原**　日本の場合は役所が強すぎるという面もあります。本来の民主主義であれば国民が行政をチェックし、選挙によってその結果が示されるのだけれど、日本の場合は選挙の結果が役所には及ばない。これは次の章でも話題になると思いますが、役所の強さが、メディアのダメさと相まって、本来なされるべき合理的な規制緩和を阻害している面はあると思います。

**髙橋**　役所もダメだけどメディアもダメ。能力が低すぎて、調査報道なんてまずできない。文書も読めないし、行政手続きの流れも理解していない。だから独自にやろうとして失敗すると、今回の「原叩き」の毎日新聞みたいに、印象操作だけをすることになるのです。「規制緩和って悪いことなんですよ、こっそり得している人がいますよ」と読者を煽ってね。

## 「悪の権化」になった竹中平蔵

**原**　どうも何か改革しようとすると危険だと煽って首謀者を仕立てて攻撃してきますよね。

**髙橋**　竹中平蔵さんに対する扱いがその最たるものですよ。小泉政権期には竹中さんも改革派としてメディアで肯定的に扱われていたはずですが、その後はすっかり「悪の権化」扱いです。竹中みたいなのはダメだ、日本の資本を外資に売り渡し、私腹を肥やす政商だ、といって、右からも左からも叩かれまくっている。ああいうプロパガンダは一体、誰が流しているんだろう?

**原**　それはやっぱり役所ですよ。政治家の中でも嫌っている人がいるのは確かですが。

**髙橋**　「法改正で派遣労働者を増やして、竹中自身は人材派遣会社大手のパソナで会長をすることで、私腹を肥やした」と、批判する人はそういう風に捉えているんだけれど、事実とはかけ離れています。

**原**　竹中さんはずっとそう言われていますよね。しかしこれはおっしゃる通り、ほとんど捏造に近い言いがかり。そもそも派遣労働規制の緩和をやったのは竹中さんじゃありませんから。

**髙橋**　最近、「俺じゃなくて厚労省が決めたんだ」といろいろなところで反論しているけれど、もう名誉挽回不可能、汚名返上は不可能なくらい定着してしまいましたね。

**原**　竹中さん自身はまったく気にしていませんけどね。「悪名は無名に勝る」と。

**髙橋**　「郵政民営化」も竹中さんが悪いと言われているけれど、先ほども言ったように換骨奪胎されて「民営化していない」というのが実際のところですからね。「外資に売り渡した」どころか、外資に買われないように策を講じたのであって。

郵政民営化の際に、「民営化すると郵貯が外資に乗っ取られる」という批判を再三受けたので、そのたびにこう説明していました。郵貯は民営化によって銀行法上の銀行になるけれども、銀行には三つの主要株主規制があります、と。

第一に株式を５％超保有する場合の大量保有規制ですね。その場合、５営業日以内に保有届出書を提出しなければならない。第二に、株式の20％超を保有する場合の銀行主要株主規制です。この場合、あらかじめ金融庁長官の認可を受けなければならない。第三に、株式の50％超を保有する場合の支配株主規制です。この場合、金融庁長官は支配株主傘下の銀行経営の健全性維持のため監督上必要な措置ができることとなっています。

その上、外為法による外資規制もあります。結果的に郵貯の外資による乗っ取り話はなかったのですよ。

**原**　ＮＴＴ法の改正でも同じように「撤廃して外資に売り渡すつもりだ！」と主張している人がいましたね。

**髙橋**　そういう話じゃないんですよね。

２０２４年４月17日に改正ＮＴＴ法が成立しましたが、今回の法改正の本文は、それほど大した内容はないのです。①役員選任・解任に関する総務相の認可を事後届出制にする②外国人役員は役員の３分の１未満まで認める③ＮＴＴによる研究成果の開示義務を廃止する④現在の正式な社名「日本電信電話」を変更できる、などです。

②を除くと些細な話なのですよ。②も身元をチェックすれば、それほど問題にはならないだろうと思います。③は、これまで外国勢に機密をタダで渡しているような話

だったのを正すもので、遅すぎたくらいです。

しかし、問題は「付則」ですよ。付則というと、付け足しのようですが、れっきとした法案の一部なのです。その付則で「２０２５年の通常国会をめどとして、電気通信事業法の改正、ＮＴＴ法の改正または廃止に必要な法案を提出する」とされています。

自民党は２０２３年12月にＮＴＴ法のあり方に関する提言をまとめましたよね。その中で、外資規制などの条件が整えば25年の通常国会をめどにＮＴＴ法を廃止するよう求めていたわけです。

## 議論がズレているＮＴＴ法改正問題

**原**　自民党内には廃止への異論もあります。

**髙橋**　そうですね。外資規制についていえば、電気通信事業法では、１９９７年の世界貿易機関（ＷＴＯ）の自由化約束を経て、同年の改正により撤廃されています。ただ、ＮＴＴ法の出資規制では、外資比率が３分の１以上となる場合の株式取得を規制していました。これは、ＷＴＯ等の国際協定上、例外措置として留保されているわけです。

先ほどの郵政民営化の際に私が説明したこと、その観点から言えば、ＮＴＴに関しても電気通信事業法で外資規制を設けるのが筋なのに、将来を見越せずに撤廃してきたわけです。これを復活するには数年にわたる国際交渉が必要になります。これができないなら、ＮＴＴ法による出資規制を残すことが経済安全保障上必要になりますよ。

**原**　ＮＴＴ法に関しては私も２０２２年に国会で参考人として発言していますが、そこでは電気通信事業の公正な競争環境の観点からＮＴＴ法について触れました。

根本的には、電電公社民営化から40年近くを経て、いまだにＮＴＴが半官半民です。今もなおＮＴＴ法に基づいて、総務大臣から事業計画の認可を受けて、様々な監督を受ける企業です。そうした企業が、世界の情報通信市場で、熾烈なグローバル競争の中で本当に戦っていけるのかということなのです。

ＮＴＴ自身のためにも、他の競合する事業者のためにも、ＮＴＴ法を廃止して、ＮＴＴを完全民営化すべきではないかというのが私の考えで、その際には横断的な規制として外資規制を入れるべきだと主張し、実際、その方向で進んでいます。

現行制度では通信分野について、ＮＴＴのみＮＴＴ法に基づいて外資規制が課されています。現在のようにブロードバンドがユニバーサルサービス化されるという中で、ＮＴＴにだけに外資規制がかかっているということにむしろ違和感があるわけです。経済安全保障という観点から考えても、外資規制はむしろ必要で、これはＮＴＴに限りません。横断的な規制が必要だと思いますね。

高橋さんはＮＴＴ株の売却も話がズレていると指摘していましたよね。

**髙橋**　そうです。たとえば約５兆円分のＮＴＴ株を20年以上かけて売却し、収入の一部を防衛財源として活用すると言われていました。確かに一時金で５兆円ほど入るのは間違いないのですが、配当も確か３％だから、それだけで１５００億円ぐらいは入ってくることになります。20年間かけて売ると言っているけれど、それだと配当収入と大差がないのですよ。

要するに、この件は売却益を一度にもらって完全民営化するか、配当金をもらいながら現状に近い形で存続していくかの違いで、後者の方がおそらく有利だし、お得なんです。だから無理に株を売ることはないんじゃないか。

規制改革反対派は文章をきちんと読まない、また、読めないから、都合よく「反対しやすい」ように事実の方を改変しちゃう。そうこうしているうちに大事なことが議論されずに決まっていってしまいます。

## 規制改革をするのは担当官庁

**原**　規制改革によって何が起きるのか、因果関係や影響が全く逆に取り違えられていることはよくあります。毎日新聞の虚報もそうだけれど、戦略特区ワーキンググループの役割が何なのか分かっていない。本当に全く理解されていないので、繰り返しになりますが改めて説明します。

毎日新聞を始め戦略特区WGに否定的な人たちは、WGを他の許認可業務と同一視していますね。WGと接点を持てば特区に指定されて特定の業者が優遇される、というような構図で見ているんですが、ここにそもそもの間違いがあるのです。

大事なことなので繰り返しますが、規制改革のプロセスは許認可や補助金申請のプロセスとは全く異なっています。

補助金申請や許認可申請は、申請者と受け手（行政側など）は「受験生と試験官」の関係性で、申請した内容が正しいか、認め得るものかを受け手が厳正にチェックする必要があります。だからこそ申請者と受け手は接点を持ってはいけないし、特定の申請者にのみ「こうすれば申請が通りやすい」などと助言してはいけないのです。一方、規制改革のプロセスはそうではなく、特区ＷＧは「規制を変えてほしい」という提案者が駆け込む場所なのです。ＷＧはそれを受けて役所に掛け合い、規制を変えてもらえるよう働きかけます。いわば、提案者とＷＧは依頼人と弁護士のような関係で、協力して「規制を維持したい人たち」に働きかけるのです。

**髙橋**　規制を最終的に緩和するのは主務官庁なのですが、メディアの人たちは「原さんがその権限を一手に引き受け、やりたい放題規制を緩和できる」と思っているんじゃないのですか。だから「事業者が接近して接待すれば、改革が通りやすくなるのではないか」というような的外れなことを考えるのでしょう。「政権の威を借りて、規制を緩和しろと言われた官庁はお手上げで、なすがままにされる」というような話を妄想するんでしょうね。

「原さんが規制改革のＷＧで権限を持っている」「規制改革が実行できた」となると、「原さんが規制改革をやった」ように見えるけれども、実際はそうじゃありませんからね。主務官庁の方がものすごく抵抗するし、議論も行って、そのうえで官庁が制度改正をするんですよね。

**原**　まったくそうなのですが、メディアの方々はそれを逆に取り違えています。本来は規制を撤廃してほしいという事業者や自治体の声があれば、それを支援して官庁と折衝するのがWGの仕事ですから。

**髙橋**　毎日新聞の初報に出て来た「会食接待をした」ことになっていた事業者だって、規制を緩和してもらえないか、とそれだけの話でしょ？

**原**　そうです。この事業者は美容学校を経営している学校法人だったのですが、日本の美容師資格を持ちながら国内で就労できない外国人が、特区内で働けるよう、規制を改革できないかと考えていました。この話を受けて私たちが話し合うのは法務省の外局である出入国在留管理庁や厚生労働省です。私がいくら規制改革を請け負ったところで、法務省や厚生労働省がやると言わなければ実現しません。私にカネを渡したところで何の意味もないんです。

## 加計問題の真相

**髙橋**　「特区」という響きが何かカネを生んでいるように聞こえるのですかね。実際には財務省がケチだから何もおカネの話なんてないのに。

**原**　今の国家戦略特区も、小泉政権の時の構造改革特区も、基本的に規制改革だけなので、地域限定でやってみて、それがうまく行ったら全国に広げようという話ですよね。おカネは全く関係ありません。

加計問題でも似たような取り違えがありました。あれは本来はどういう話かというと、そもそも、大学や学部の新設を考えたときには文科省に申し出て、新設計画の中身が一定基準を充たせば認めるという仕組みになっているわけです。もちろん素晴らしい大学もあれば、そうでもない大学も出てくるけれども、そこは競争することでよいものが残っていけばいい、となっています。

一方で、加計学園で取りざたされた岡山理科大学の獣医学部新設のように、医学部、歯学部などの学部については新設の申請を認めない仕組みになっているところがあります。これは獣医や医者、歯医者の数を増やしたくない、学部同士での競争もあまり激化させたくないという既得権益を持った人たちの働きかけによって、その人たちに有利な環境を作るために申請が受け付けられない仕組みになっているわけです。

これは普通に考えたらおかしなことですよ。「うちの大学にも医学部を新設したい」という計画が出てきたら競争が働き、結果的に教育もよくなるでしょう。これが普通の考えですが、「新設は一切認めない」という仕組みが50年もの間、続いてきたという異常な状態があったわけですね。しかもそれは法律で決まっているわけではなく、単に文科省の「通達」でそうなっているだけの話なのです。異常な状態だからこそ、規制改革という文脈の中では小泉政権以降、もう20年近く議論しているのです。

**髙橋** そういう中で、加計問題が出てきたわけですね。

**原** 加計問題がクローズアップされた愛媛県は、加戸守行さんという前知事が「ぜひ愛媛で獣医学部の新設を実現したい」と考えて、構造改革特区でやろうとしたという経緯があります。

獣医学部の場合は農水省と文科省が一緒になって反対するためにこの壁を突破できずに来ました。しかし本来は合理的な計画であれば認めるべきなので、この時には「とりあえず一カ所だけ認めましょう」ということになりました。いろいろな案がありましたが、地元も含めて最も準備の進んでいた愛媛でやろうとした、というだけの話です。

**髙橋** 安倍さんがお友達である加計学園の理事長のために特区を認めたわけではありません。加戸さんが「行政をゆがめたのではなく、元々ゆがめられていた行政を正したんだ」という趣旨のことを述べましたよね。

**原**　そうです。獣医学部新設に反対する人たちは、獣医の数が増えたら競争が激化して、仕事にあぶれる獣医師が出てくるというのですが、これ自体がインチキな話なんです。農林水産省が数十年先までの獣医の必要数を推計していて、「それに基づくと学部が増えて獣医師が増えると供給過多になる」と言って新設を禁じていたのですが、10年前に今のようなペットブームが来るかどうかなんて推計しようがないですよね。要するに増やさないための理屈をつけているだけなんです。

**髙橋**　少なくとも獣医師が増えなければ、一人当たりの獣医師が見る動物の数は減らないので、ビジネス的にはその方がいいということなのでしょう。加戸さんは知事時代、地域に獣医師が少なく、鳥インフルエンザや狂牛病、口蹄疫の対応に苦労したから獣医学部の新設を望んだわけですが、メディアはそうした事情は一切考慮せず、「安倍案件」として叩きまくりました。

## 「何をやっていたんだ、抵抗しろ」

**原**　先ほども述べましたが、国家戦略特区というのは提案を募集して、提案者とワーキンググループが一緒に規制改革を目指す仕組みになっていることがそもそもわかっていないですよね。そして規制が改革されれば、その恩恵を受けるのは特区内のすべての事業者であり、提案者だけではありません。もちろん既得権益を持つ方は規制を維持したいと考え、「規制が撤廃されたことで損をする」ことになる可能性はあります。しかし、それはあくまでも競争の結果にすぎないのです。

**高橋**　その募集する提案というのは様々なところから大量に来るわけでしょう？　新しいビジネスを始めたいけれど規制があって新規参入が難しいとか、既得権益者がガチガチにスクラムを組んでいて、割り込むすきがないとか。

**原**　たくさん来ますよ。広く提案を募集して、それを片っ端から全部やるのです。委員が自分の得になる案件だけを進めるという話ではありません。しかも、そうやって多くの事例を扱っても、実際に進むのは10分の1とか100分の1くらいです。小泉構造改革以来、20年かけてようやく目に見えて規制を突破したのが愛媛県の獣医学部新設だったというわけです。それもたった一校のみ。

**高橋**　とんでもない話だよ（笑）。そういう規制が、あらゆる役所の所管するあらゆる事業にあるんでしょう。

**原**　厚生労働省、国土交通省、農林水産省なんかは元々規制されている領域が広いので、多いですね。あと総務省も通信・放送分野の規制がありますから、根強いものがあります。さらに、それぞれの役所に族議員や業界団体がくっついてきますから、これを打破するのは難しい。

**髙橋**　自民党の有力政治家が事務次官を呼び出して「今度の規制緩和、あれはけしからん」と言うと、事務次官は「ハイわかりました」と言って、その下にいる課長や課長補佐が叱られる。「何をやっていたんだ、抵抗しろ」と。そういう構図です。

**原**　例えば少し前の事例ですが、薬のインターネット販売もそうですね。２０１４年から市販薬のネット販売が解禁されましたが、これもそもそも法律で禁じられていたわけではありません。急に厚労省が省令で「ネット販売は禁止、薬局でしか売ることができない」と定めました。薬局の利権を守るためです。

ずいぶん前からネット販売を解禁すべきだという議論はあったのですよ。でも「ネット販売が解禁されたら中小零細の薬局がつぶれてしまう」と。結局、利権を守るための抵抗が激しくて、解禁はされましたが、さまざまな制約が残っています。

**髙橋**　普通に考えれば、「市販薬なんてどこのドラッグストアでも買えるんだからネットで買えるなら便利でいいよね」となるはずだけれど、そうはならないのが規制を守りたい人たちの論理。

**原**　役人としてはそれを言ったら「バツ印」です。役人は業界団体の顔を見て仕事をしているので、業界団体の利益を第一に考えなければならない。「ネット販売で国民が便利になる」なんて言ったら、「なんで一般国民のことを考えるんだ、業界団体のことを第一に考えろ」となります。縦割りの仕組みだからですが、役人はそういうミッション設定になっていますね。

さらには政治と業界は癒着しているわけですから、髙橋さんが言うように政治家から「何をやっているんだ」と叱られることになります。そうやって政治家から叱られたら、もう出世の道は断たれたも同然です。こうして規制は緩和されることなく、国民全体ではなく一部の利益のために温存されることになるわけです。安倍政権が戦後最長内閣になっても九割はできなかったのだから、まさに「岩盤」です。

**髙橋**　私は規制改革や特区には関わっていないけれども、民営化にはいくつか関わっているから、「恨まれているだろうな」という自覚はありますよ。郵政改革なら郵便局だけど、それだけじゃなくて規制官庁である総務省も、恨み骨髄で。実際にはもう民営化は有名無実化しているにもかかわらず。自分としては「郵政の民営化はうまくいかなかった」と思っているのに、それで恨まれているんだから損だよなあ（笑）。

財務省にも恨まれていて、前の次官に「三回殺しても殺し足りない」と言われたこともある。でも規制改革も民営化も、もっと言えば公務員制度改革も、決してうまく行ってはいないんですよね。もうほとんど元に戻ってしまったと言っていいくらい。

**原**　実際、そうですね。

**髙橋**　なのに恨みだけは残っている。

**原**　改革というのは、10やったうちの1とか2くらいが残ればいいというものですよ。公務員制度改革で言えば、一応、内閣人事局という組織だけは残っているから、成果が丸ごと消えてなくなったわけではありませんが。

**髙橋**　内閣人事局は第一次安倍政権の頃からの話で、一度潰れて……というか作ることさえできなくて、第二次安倍政権と菅内閣でかろうじて何とかなってきたのです。だから役所の「安倍許すまじ」の負のエネルギーや恨みはすごいですよ。その恨みの一部が私や原さんに向けられている面はあるかもしれない。

**原**　それは間違いないですね。「安倍さんに取り入って悪さをしたやつらだ。役人出身の癖に、役人の掟に反して政治の陰で小狡く動いてカネを儲けている」と、そういう幻想ですよ。

**髙橋**　汚い手段でカネなんか全然儲けてないのに（笑）。

# 第4章　役所という伏魔殿

## 流動性のない官僚組織

**原**　前章で、規制改革を入り口に、既得権を失いたくない業界と、それを守ることで出世する役人が癒着し、改革に反対する抵抗勢力化する構造に触れましたが、ここでは役人についてもう少し、独特の体質に踏み込みたいと思います。

規制改革に反対する理由もそうですが、役人は「縦割り」と言われるように、自分たちの縄張りが何よりも大事。だから「省庁を越えて」とか「政府全体で」と言われても、そういう発想をしないし、そんな発想は持ちたくもないんですよね。「この役所の人間」であって、政府や行政という大きなものを担う一端であるという発想がないから、「枠を越えて考えよう」という話にはなりません。

**髙橋**　そうしている限り、省庁が後々まで自分の面倒を見てくれますからね。「座布団」や「背番号」と言われるのですが、官邸に集まる人たちの名前の後ろに必ずカッコ書きで出身母体が書いてあるわけです。名簿の名前の後に「髙橋洋一（財務省）」なんてね。

普通は官房副長官として官邸に行っても、また元の省庁に戻るわけです。官邸の後、元の職場に戻らずに辞めたのは私と江田憲司さんくらいで、江田憲司さんはその後、選挙に出馬して議員になったという珍しい例ですね。とにかく、役所では常に出身母体がつきまとうんです。

ところが私は、途中で転籍して、財務省から内閣官房に籍を完全に移したんです。手続きは一つだけで、私の給料を振り込むのが財務省の会計課から内閣府官房の会計課に移るだけなんだけれども、前代未聞だと言って大問題になって大激論に発展しました。政府全体からすれば全く変化のないことですが、当時の財務省では信じられない話だったみたい。

そのうえ、「じゃあ髙橋の退職金は誰が払うんだ」となって、「財務省が内閣官房に渡せ」「いやそれはできない」なんていう話に発展していました。最後は安倍総理が「つまらないことで大騒ぎするな」と一喝して終わったんだけれど、そのくらい、自分の省庁に対する意識が強いんですよね。

だから安倍政権で内閣人事局を作って、省益の取り合い、省をまたぐような政策が実施できない体質を変えて「日の丸官僚を育てよう」という話になったのだけれども。

**原**　そこに関しては内閣人事局が出来てもほとんど変わりませんでしたし、早くも逆行して、元に戻っていますよね。

本来なら、人手が足りないところ、あるいは隣の省庁に所属していても適性のある人を柔軟に異動できるような仕組みや発想があればいいのですが、そういうイノベーティブな知恵が働かない人たちがやっているから、今の状況が温存されているんです。ただ、それは必ずしも役所、役人だけの問題ではなくて、日本の社会全体、民間企業でも同じことが起きている気がします。この分野はもう伸びしろがない、この部門は役割を終えたという組織が温存されて、昔からいる人たちが居残り続ける。これは大学でも同じで、もうその研究分野に未来はないという場合は、もっと伸びしろのある分野にリソースを投じるべきなのに、そうならないという状況が起きています。

企業は通常なら業績が悪化してお荷物部門になるだろうと思うけれども、実際には補助金をもらって生きのびるなど、競争環境が整わず、延命できてしまう面がありま す。利益の増減で業績を測るわけではない役所では、それがより大きな問題となっています。

だから十数年前から、役所の流動性を高めなければならない、という議論をさんざんやってきたのですが……。

**髙橋**　全く進まない。

## 政治がダメだと役人天国

**原**　官民人材交流センターとかを作って、役所だけでなく民間を含めて、必要な人材が必要なところに移れるような仕組みを作りましょう、というのでやったこともあったんだけれども。しかしメディアや野党からは「また脱法的天下りのシステムを作り出したのだろう」とくだらない、的外れの批判を受けて、全然機能しないうちに実質的に潰されてしまいました。

まともな改革をやろうとしても、憶測や誤解に基づく批判で潰されたこともありましたね。

**髙橋**　そういう野党やメディアが、文科次官で天下りに手を染めていた前川喜平のような人物を持ち上げるんだから、信じられないよね（笑）。

文科省の幹部が行っていた組織的な、違法な天下り斡旋を受けて再就職する件にかかわっていた前川氏は依願退職しているけれど、本来なら懲戒免職処分が妥当。あんなに典型的な天下り斡旋違反というのはめったにない。それでも官房長官だった菅さんに土下座して依願退職にしてもらったなんて噂もあったけれど、武士の情けで許したら、今度は安倍政権を猛攻撃。
メディアはモリカケの時に取り上げただけでなく、その後も何かとコメントを取りに行ったりしているし、地方で講演会だのイベントだのが開催されるたびに新聞が宣伝していました。「反骨の官僚」「モノをいう官僚」であるかのように持ち上げられているけれど、正直言って彼の発言にはあまりロジックがないように思ったなあ。

**原** 前章でも少し述べましたが、加計問題の時に、前川氏は規制緩和で岡山理科大学に獣医学部が新設され「行政がゆがめられた」とか、理事長の加計孝太郎氏をさして「総理のお友だちにだけ特権を与える行政行為」という趣旨のことを言っていましたよね。でもそもそも通達によって「獣医学部新設置の申請が認められない」という方向に行政がゆがめられていたんですから。

**髙橋** そう、だから実際には「安倍政権が強かったから役人の通達によってゆがめられていた行政を正した」ということになる。それでも、新設が認められたのはわずか一校だったけれど、他の政権ならこれすら撤回に追い込まれたでしょう。政治が強かったから、突っぱねられた。逆に言えば、政治がダメになると、役人が目立つようになるんです。

そういう仕組みを前提に、２０２３年秋ごろから自民党、それも清和政策研究会（清和会＝安倍派）議員の政治資金問題が発覚した件について考えてみると、財務省はこの件で何をしたのか、という話にはなりますよね。

**原**　問題発覚当初の段階、この問題が大きく報じられ始めた頃には、自民党の人たちは「財務省にやられた」と言っていましたね。

**髙橋**　検察が政治資金問題で動くときには税法までターゲットに入れているし、検察は資金の流れを調べるのはそれほど得意じゃないから、実際には国税庁の役人なんかが協力するんですよ。政治資金規正法に関しては別だけれど、カネの流れを調べるという点においては、検察よりも国税の方が能力が高い。だから協力して、最後は税法の適否なんかも聞きながら、立件できるか、何らかの法律に違反しているのかどうかを相談するのです。

財務省からすれば、『安倍晋三回顧録』を見れば繰り返して財務省批判が出てくるのでわかりますが、安倍派の人たちは「憎き相手」。安倍政権には煮え湯を飲まされたし、萩生田光一さんや世耕弘成さんはもちろん、安倍派には積極財政派も多い。本来なら政治資金管理団体で２０００万、３０００万円の課税所得になるところ、寸止めにして法律的には無罪放免とすることで、政治側に貸しを作っている構図になっています。

もちろんこれはあくまでも結果から見た話だけれど、財務省的にはこうした動きに協力しておいて、「犯罪にはならなかったけれど政治的には失墜させる」というところで納めつつ、最後の最後の首根っこはまだ財務省が持っているという格好でしょう。

## 清和会へのリベンジ

**原**　検察がやると言ったらやるのですよ。他省庁の協力も得て犯罪になるストーリーを作って、そこに落とし込む。これは冤罪が起きやすい構造です。私の毎日新聞の記事も、毎日新聞が悪意を持ってストーリーを作ったことで、あたかも私が不当に金銭を得て規制改革で手心を加えたかのように描き出した。これは報道冤罪ですが、検察や警察が作り出す冤罪もこれまでにもいくつもありました。

警察・検察の勇み足で言えば、2023年12月に国家賠償裁判で一審判決が下った大川原化工機の事件もそうですよね。警察が「大川原化工機は生物兵器転用可能な機械を中国に輸出している」と決めつけ、それを覆す証拠がいくつもあったのに、見ないふりをして逮捕・起訴に持ち込んだ。警察は輸出規制の所管官庁である経産省にも相談していました。慎重な声もあったけれど、前のめりになった警察が突っ走って、検察も最後は立件相当だと認めて冤罪になってしまったわけです。

**高橋**　検察となると、もう政治家でもアンタッチャブルな感じになってきますね。

**原**　警察は一応、国家公安委員会があって、そこで監督がなされていることになっていますが、検察の場合はもはや最高権力みたいになっています。

**高橋**　朝日新聞なんかがお先棒を担いでいるけれども、検察リークを恣意的に報じさせることで、世論を盛り上げて勢いを買おうというところはありますよね。世論を作られてしまったらもうアウト。今回の政治資金問題だって、そういうところがある。

**原**　検察も新聞社同様、自分たちの中では使命感を持って悪人をあぶり出そうとしたんだろうけれど、変なガセネタをつかまされたり、自分たちの思惑と使命感がないまぜになって、事実の方を捻じ曲げて無実の人をやっつけてしまう、ということが起こりがちなんです。ここにメディアが加わって、相乗効果で犯人をでっち上げるようなことは、過去に何度も起きています。

**高橋**　さらには怨恨。森喜朗内閣以降、長く続いた清和研時代に、特に安倍政権時に財務省は割を食わされたという恨みが強い。だから「今度こそ我々のリベンジの時が来た」と言わんばかりに巻き返しを図っていると思いますよ。

元財務次官の矢野康治氏なんて、在任中に月刊『文藝春秋』で「財務次官、モノ申す」などというタイトルで与野党のバラマキ合戦が目に余ると指弾したけれども、そもそも前提がまったく間違っているんですよね。彼は「このままでは国家財政は破綻する」と、財政再建の重要性を訴えたわけ。でも矢野氏が財政危機の証拠としてデータで示したのは、いわゆる「ワニの口」で、一般会計収支の不均衡と債務残高の大きさですが、そのデータは会社の一部門の収支とバランスシート（貸借対照表）の右側の負債だけしかないようなものです。

矢野氏は、退官後は目立たないように全国行脚して謝っているらしいんですよ。それが「誤ったデータを使用してすみません」と謝っているのではなく、「安倍政権を抑えられず申し訳ございませんでした」なんて謝罪して回っているらしい。

**原**　ほんとにそんなこと言っているんですかね。

**髙橋**　聞いた話ですけどね。

でも結果的には、2023年末から2024年にかけての政治資金問題で安倍派の

「５人衆」と言われた幹部は離党勧告や党員資格停止処分となるなど、主要議員のほとんどが討ち死にしました。財務省としては「大宏池会で我が世の春」と言わんばかりの状況になったのです。日本にとっては本当に不幸なことです。

**役人は司法にまで踏み込む**

**原**　こうなると役人の「全能感」みたいなものも肥大化してきます。要するに役所の裁量権が強すぎるから、自分たちで差配して、寸止めするというようなこともやろうと思えばできてしまう仕組みになっています。これ自体が大問題で、一つの権力になってしまっていますよ。

**髙橋**　役所の裁量権は強いですよね。政治資金の問題だって、財務省は今すぐに息の根を止めることもできるけれど、止めずに泳がせて弱みを握って操縦したりしているように思いますね。弱みを握れれば、財務省としてはペイできるわけだから。

法律に対してもそうですよ。「俺たちが法律を書いているんだ」という考えがあるからだろうけど、司法まで踏み込んだり、立法を通達でひっくり返したり、やりたい放題です。役人は法令や規制にかかわるからオールマイティなところがあって、だから勘違いしやすいというのが正直なところです。「その業界では天皇」みたいな感じになってくるわけ。課長補佐くらいになると企画立案するようになるから、何か自分が世界を仕切っているような気分になるんですよ。

**原**　特に許認可や裁量権に関する権限を持っているところはそうなりがちです。

**髙橋**　勢いあまって、役人が司法の領域まで踏み込んでいることも少なくないですよね。法解釈は司法に委ねるのが通常なんだけれども、霞が関の役人と話をしていると、法律を作った側だからということで「有権解釈」という言葉を時々使うんです。「有権解釈」というのは何なのかよくわからないんだけれど、法律のドラフトを書いた人間がその法律を解釈する権利を持っているという意味らしくて、平気でそういう話をしているんですよ。

辞書的には〈権限のある機関によって行われる法の解釈。拘束力をもつ。公権的解釈〉ということらしいんですが、これは司法を踏み越えているんじゃないかな。

**原**　それぞれの役所が解釈権限を持っているという〝習わし〟になっていますよね。内閣法制局というものがあること自体がそもそもおかしいんですが。

**髙橋**　内閣法制局は有権解釈の親玉みたいなものですよね。安倍政権で人事にちょっと手を出したら猛反発を食らったけれども。

　最近の例でちょっと小さな話ではありますが、現役自衛官の公用車での靖国参拝が通達に違反するかどうかという問題があったでしょう。そこで問われているのが防衛省の通達です（１９７４年11月19日発出の防衛庁事務次官通達「宗教的活動について」）。「神祠、仏堂、その他宗教上の礼拝所に対して部隊参拝すること及び隊員に参加を強制することは厳に慎むべきである」として部隊や組織として神社などに参拝することを禁じているわけ。だから靖国参拝は通達違反だというのだけれども、その通達は50年前に出されたものなのですよ。

　防衛省は今は省だけれど、その前は防衛庁で、事務次官、経理局長、会計課長は大蔵省から行っていた、まさに大蔵省の「植民地」でした。この「部隊参拝禁止通達」も、大蔵省（財務省）出身の田代一正事務次官が出したものです。しかし、これは内心の自由とぶつかるから、本来なら憲法解釈の問題として問われるはずなのです。憲法20条、89条の解釈指針を示していますから。こういう憲法解釈は、本来は司法、しかも最高裁の仕事なのですよね。それを行政の官僚がやるのというのは越権行為で驚かされます。さすがに事務次官通達で憲法解釈を書くなんてあり得ないでしょう。

**原**　そうですね。しかも今回、安全祈願に行ったんですよね。

**髙橋**　陸自で航空事故の調査に携わる幹部らが参拝したようですね。これまでも靖国参拝は陸自の航空事故調査委員会が「年頭航空安全祈願」として実施していたということです。なのにこれもまたそこにメディアが乗っかって騒いだんですよ。スクープしたのは毎日新聞と赤旗（しんぶん赤旗）だけど、待ち受けて公用車から降りるところを写真を撮ったりしていましたよね。でも年休を取って個人として参拝している以上、処分なんかできないですよ。

だから「仕切りを部隊や組織がやってはいけないけれど、個人として参拝するのは自由ですよ」とすればいい。そもそもとして言えば、行政府の越権行為なので、通達廃止が筋でしょうね。財務官僚は「憲法解釈は俺たちがやる」と思い込んでいるから平気でこういう通達を出すし、50年経って防衛庁が省に昇格してもまだこんな通達が生きているんだなと驚きましたね。

**原**　行政官に法解釈や憲法解釈の権限があると思い込んでいるんですよね。しかも司法の側も、行政の解釈に対してあまり文句をつけないというか、従うのが基本になっているところがあります。

**高橋**　従った方が、公判が楽だからでしょうね。司法の側がサボっているとも言える。

**原**　そうなんです。その延長上の話で、行政訴訟をやったらほぼ確実に行政側が勝つんです。

**高橋**　司法がまともにやらずに行政官の話を聞いて「ああ、そうですか。じゃあ問題ないですね」とやるからですね。法構成まで行政におんぶにだっこで。

## 通達で法律をひっくり返す

**原**　やはり司法が十分に独立しきっていないんですよ。また話が戻るようだけれども、私が一審で毎日新聞に負けたのもそれに近いものを感じました。行政権力に対して司法が弱いから、第四の権力であるメディアに対しても遠慮がちなんです。

**高橋**　司法側が根性なしなんだよね（笑）。行政側も考えていて、司法試験に受かったような人材が役所に入っているわけです。だから「法律も分かるうえに、行政も分かる」と上から目線なんですよ。

**原**　そのうえあくまでも役人は法律を作る立場だという意識だから、遵法精神というものがあまりない。ルールは自分たちで作れるのだから、自分たちの考えが正しいという発想になりがちなのでしょう。

だから通達を使って法律に書いてあることをひっくり返してしまう。通達って、課長クラスが書く「お手紙」みたいなもので、「これこれはこういうものですから、こういう取り扱いを」と書けばよくて、一時間もあれば出せてしまうものですよね。これで、国会で決められた法律が実質的にひっくり返るということがしょっちゅう起きるんです。

本来、省令や通達というものは、法律には細かいことまで全部書き込めないから、細かいことは担当省庁が権限の移譲を受けて、役所の人たちが実際の運用上の細かい約束を定めることになっているんですが、それを素直に法律の考え方や狙いに則って通達を出すのではなく、恣意的にひっくり返すようなものを出してしまったりしています。

そもそも法律の条文を書いているのも役人だから、結局、いずれにしても全部役人が決められる。条文も書いて、通達も役所が出す。それで法律の趣旨と通達がひっくり返ってしまったのが、前章でも述べたように加計問題の獣医学部の新設に関する申請の件です。法律には「学部新設時には申請を出して許可を得よ」と書いてあるのに、通達で「申請してはいけない」となっているわけです。

これも、「俺たちが法律を書いているんだ」という自負があるからこそです。役人からすれば、「法案を通せなかったらゼロ点」ですからね。

**髙橋**　それはもう間違いなく「ゼロ点」。役人としては落第ですよ。役人の評定は「法案にどうかかわったか」だから。本省にいる限りは、二年に一本は法案を通さないといけない。だから自民党議員にこびへつらわざるを得ないんだけれども。時々、法案と全く無関係な役人もいるけれど、キャリアとしては「ダメ」という判定になり、本省から出されて地方回りをさせられるケースが多いですね。

**原**　そして企画立案するのは基本的に役所ですが、役人が何を考えて立案しているかと言えば業界団体、業界団体とつるんでいる族議員なんですよね。業界団体と族議員のためになる法案を作っているというのが実際のところです。

**髙橋**　こういうおかしなことがまかり通っている。役所はまさに伏魔殿です。

## 文書を盗む「共産党員官僚」

**原**　また別の観点からの、役人と野党の関係にも触れておきましょう。

役人が野党議員をどう見ているか。私の評価からすれば、実は共産党は昔から大好きなんですよね（笑）。役人時代は選挙で必ず共産党に入れていた、というくらい、政党の機能を高く評価していました。しかも、役人になってからそう思うようになったんです。

私は入省時は通産省、その後、経産省になりましたが、内閣官房に出向して安全保障を担当したことがありました。日米防衛協力の法案審議などを担当していた時期があったのですが、当時、最も的確に法案の抜け穴や矛盾点を指摘してくるのが共産党の議員だったんです。実に精緻な検討をしていて、当時の自民党の族議員とは比べ物になりませんでした。

他の分野でも、官僚主導で物事を決めている中で、監視役をしっかり果たしていたのは共産党だと思っていました。理念や方向性についてはまったく共感できないけれど、監視機能を果たそうとしている面、そしてその実務的な能力に対しては高く評価していました。

何せ、他の野党はチェック能力もなく、スキャンダル追及ばかりですから。特に近年、その傾向が強まっています。それと比べれば、共産党は真面目に政策の勉強をしていますし、議論も成り立ちます。ただ、これももう私が役人だった20年前の話だから、今の共産党は変化してきているかもしれません。

**髙橋**　共産党は独自の調査をやっていますね。２０２３年秋ごろから話題になった自民党・清和会（安倍派）の政治資金問題でも、いつもバンダナを巻いている神戸学院の上脇博之教授が調査して、東京地検に告発しているでしょう。これも共産党と一緒に政治資金報告書のチェックをやっているから分かるんですよね。他の野党は週刊誌をネタにして疑惑の追及をやるけれど、共産党は「赤旗」も持っているし、独自調査が結構あります。

モリカケサクラも、サクラに関しては確か共産党発だったから、いいところをついていた面はある。今の政治資金問題に裏から繋がっているとも言えます。

役人の立場から言っても、正直に言えば、共産党議員の質問はきちっと答えなければ穴をつかれるという意識がいつもありましたね。でも、共産党がいい質問をしたところで、どの野党もそれに追随しないから、そこで致命傷を免れたということもありました。

ただ、独自調査のやり方がえげつないので、そこに関してはちょっといかがなものかと思っていたけれど。「えげつない」というのはどういうことかというと、公務員の中にも共産党員がいて、そういう人たちが資料を抜いて、共産党議員や「赤旗」に持ち込むんですよ。それをもとに共産党議員は国会質問をする。昔は文書管理もルーズで、課長補佐の机の上にバサッと資料が置いたままになっていたりするでしょう。中にいる人は文書の価値判断ができるから、これだというものが抜かれてしまうんです。

昔、ファイル一冊ごと抜かれたことがあって、この時は資料がなくなったので答弁も大変でした。ド直球の質問を投げてきましたよ。いちばん強烈な球だったかなと思いますね。だって資料をそのまま持っているんだから。もちろん、こっちも対抗して、わざと違う文書を渡したこともあったけれど（笑）、公務員の身分を使って文書を抜くのは窃盗じゃないのかと思っていました。

## 安倍政権での霞が関改革

**原**　役所に入る人は、もちろん入省時には国民のため、社会全体のために仕事をしたいと考えているものです。入省後、時間がたってもそうした思いを持ち続けている人もいますが、残念ながらそうではない人が多く、そのまま上まで行く人も極めて少ない。

国民のため、社会のために役人になろうと思った人たちがそうでない状態になってしまうのは、役所の仕組みがそうなっているからというのが大きい。「私は国民のためにならないと思うので、この省令は撤回すべきだと思います」なんて言ったら、省内ではもちろん、族議員から無茶苦茶に怒られたりもします。「業界団体の利益に反するバカなことをするんじゃない」と。そうした経験をする中で、だんだんと摩耗していく。

**髙橋**　局長クラスが大体、自民党の政治家の方を見ながら仕事をしていますからね。いろいろな法案を通すときにはそういう政治家にお世話になる。さっきも言ったように、役人は「法案を通してなんぼ」なところがあるから、そういう時に力になってくれる政治家を邪険にはできない。いろいろあるんですよ、自民党議員との間で「ここは止めておきますから、こっちはどうかよろしくお願いします」という貸し借りみたいなことが。そういうまい振る舞いができると、局長に上がって行くことになる。

**原**　もちろん、役人が見ている先にいる政治家が大きなグランドデザインを描いていれば、役人がそれに追随することもありますよね。まさに十数年前、私と髙橋さんが一緒にやったのがそれで、第一次安倍内閣で手掛けた霞が関改革、公務員制度改革です。当時の安倍総理が「やろう」と言って、私たちも相当、お手伝いして。その頃、私も髙橋さんもまだ役人だったんです。

**髙橋**　まだね（笑）。

**原**　この安倍政権での改革で何をしようとしたかというと、「総理大臣がちゃんとした人であれば」という前提で、「官僚が国民のための政策を実施できるような体制にしよう」というものでした。まさに官邸主導で、官邸がまともでさえあれば、官邸の考える政策が実行できるようにする。そのために官邸にスタッフを集めたり、官邸と大臣とで、官邸が描くビジョンに合わせて適任者を選べるように役人の人事も実施できるようにしようというものでした。

というのも、それまでの役所の人事は役所の中だけでやることになっていたので、大臣も、官邸も、総理であっても口出しできない状況だったわけです。「政治が口を出すなんて」と大問題になったりもしていましたから。

これを官邸主導にするためには、官邸、大臣が人事を取り仕切り、政策の重要性に応じて適任者を局長や事務次官に据えることができるようにする必要があったわけですね。以前はこれが出来なかったので、総理が誰になろうが、大臣が変わろうが、役所は役所で政策を作っていて、政権のビジョンが反映される余地が小さかったのです。そうすると、縦割りの組織の中で、省益を守ることだけを考えた政策ができてしまう。政権のビジョンを反映しない、省ごとのバラバラの政策を推進することになってしまうのです。

だから公務員改革によって、官邸が国の大戦略を作ったらその下で大臣がそれぞれの役所の経営者として政策を練り、役人がそれに基づいて動くという体制にする必要がありました。そのために考えていたのが内閣人事局というわけです。官邸に権限を集めないと、役所中心、族議員中心の政策決定プロセスを変えられないというのが改革の根本でした。

**財務省がブイブイ**

**髙橋**　もちろんこの仕組みでうまく国家を運営していくには「政権・官邸がまともなら」という前提がつきますよ。どうしようもない政権が誕生したら、それはもうどうしようもない（笑）。

**原**　民主主義だからしょうがない。でもまともな総理大臣が出てくるか、が極めて怪しくなってきているのも確かです。役人だけでなく、政治の側もきちんと政策論争をして、まともな総理大臣が選ばれる仕組みに変えなければなりません。

**髙橋**　内閣人事局も「安倍叩き」の流れで不評でしたよね。役人の人事を握って政権が無理やり役所や役人に言うことをきかせる、というようなことが報道されていました。官僚が国民のことを考えず、省益や自分の出世、業界団体の顔色ばかり窺っているからこういう制度が必要だ、となったのにね。

当然、官僚の側も捲土重来を期すというか巻き返しを図るから、政治は踏ん張らなければならない。でも今はもう、私や原さんがいなくなってずいぶん経つから、だんだん骨抜きになってきているんじゃないですか。

だから岸田政権では、「大宏池会」付きの財務省がブイブイ言わしている（笑）。財務省はすごくパワーがあるから出身議員も多いし、内閣や官邸にも入りますからね。

**原**　安倍政権の時は経産官僚が強いと言われていたけれど、今は圧倒的に財務省ですね。

**髙橋**　これまでの負けを取り戻せる、と言わんばかりに、いま岸田政権周辺では財務省出身議員が財務省の別動隊としてものすごい力を持っているでしょう。代表的なのが木原誠二氏だよね。岸田さんを総理に押し上げて、政務担当の内閣官房副長官・内閣総理大臣補佐官を兼務した。スキャンダルで官邸から出て党の役職になったけれど、他にも自民党では財務省出身の小林鷹之氏が経済安全保障担当大臣になるなど、内閣の中にＯＢを送り込んでいます。実際、今の財務省は「内閣人事局なんて屁でもない」と思っているんじゃないかな。

第二次安倍政権では菅さんがグリップと睨みをきかせていたから内閣人事局もできたんだけれども、岸田さんは総理になって一番やりたいことが「人事」だっていうんだから（笑）。今はもう役人のやりたい放題、特に財務省はやりたい放題だと思いますよ。

さっきの話じゃないけれど、これが政治資金問題で安倍派がパージされたのと繋がっているのでは、と考えると怖いよね。

# 第5章　メディアと政治の改革

## 毎日新聞よりヤフーの実害

**原**　メディアと役人、そして野党がぐるぐると情報を回して疑惑を作り上げていくシステムについては第2章でも解説しましたが、実はそこにもう一つのメディアが絡んでいます。それがヤフー（Ｙａｈｏｏ！）です。毎日新聞の記事の購読者はそれほど多くなくても、その記事を転載した記事が、ヤフーニュース（Yahoo! ニュース）トピックスの一番上に掲示されていました。新聞本紙自体よりも、その配信で知った人の方が多かったし、影響も大きかったと思います。

**髙橋**　ヤフーが２０２３年７月に出している媒体資料によれば、「Yahoo! ニューストピックス掲載数」は一日約１００本だそうです。一日のニュース配信本数７０００本の中の１００本です。また、ヤフーニュースは月間最高で２３３億ＰＶ（２０２１年８月）だそうです。ＰＶとは、ページビューのことですね。

この媒体資料にはヤフー自身が「ニュースを見るために、最もよく利用されているニュースメディアです」と書いています。

また、「トピックス（主要）に載るニュースとは?」についてヤフーはこう書いています。〈「公共性」と「社会的関心」が高いニュースとして、Yahoo! ニューストピ

ピックス編集部が選んだ8本のニュースが載ります。〉
原さんはここに載ったわけだから、それは影響がありますよね。

**原**　しかもさらにひどいことに、毎日新聞は「原が200万円を受け取った」とは書いていなかったし、裁判でもそう主張していたのですが、ヤフーニュースの要約では「受け取った」と書いていました。毎日新聞が元になっているとはいえ、初期段階での被害としては、ヤフーでの記事配信と要約による実害の方がはるかに大きかったです。

**高橋**　ネットの影響は大きいですよね。
ただ、ネットが発達してきたことは一つの光明だとは思うんですよね。私なんて、財務省にいた頃から今と同じようなことをずっと言い続けていたんですが、当時は同じことを言っても「あんた、何を言ってるの」という感じであしらわれていました。
でも今は、国会議員であっても「髙橋さんの言っていることの方が筋が通っているかも」と声をかけてくれる人たちが増えてきたのです。これは本を出したり、雑誌で取り上げてもらったこともあるけれども、やっぱりネットで発信したのが大きいのです。原さんも毎日新聞との裁判に関してはSNSでかなり発信されたと思うけれど。

ネットはもちろんくだらない情報もあるけれど、真面目にやれば真面目に読んでくれる人もいる。もちろん、全体から見ればものすごく数少ない、ごく一部なのですが、読者にも理解力のある人はいるし、客観情報を判断できる人はまだまだいるんですよね。

これまではメディアを通じてしか発信ができなかったけれど、今はそうではない。だからメディアの論調や報道をおかしいと感じて、声を挙げる人も増えてきている。真面目な人たちの意見をどう広げていくかについても、一つの答えがここから出てくるかもしれないという期待はあります。

**原**　もちろん一方ではそうなんですが、もう一方ではネットの情報は玉石混淆過ぎて、出す方も正しい情報を出し、受け取る側も能力が高ければ問題はないどころか有益なのですが、でたらめ情報を流して、それを信じ込んでしまうという人たちもいます。

この現象に対する対策も同時にやらないと、言論空間が健全化できないと思います。だから私自身も間違っている情報があれば正す。これはネットの情報であろうが、メディアの情報であろうが同じなのですが。それが大事だと思いますね。

**髙橋**　ネットの情報も99％はインチキだと思うけれど（笑）、どこの世界にもでたらめを言うやつはたくさんいますよ。玉石混淆の「玉」が少しでもあればマシな方だ、と私なんかは思います。ただネットででたらめが拡散する速度は本当に早い。すごい勢いで拡散する。だから情弱（情報弱者）の人はそれに騙されてしまいますね。

**原**　ネットによって、既存メディアには問題があるということが伝わっています。メディアが間違えることもあれば、わざと偏向した情報を流すこともあることを世の中がわかってきたわけです。だから当然、メディアの信頼度は下がり、見られなくなってますますメディアの能力が落ちていきます。一方で、それによって既存メディアは信用できない、ネットを信じる、という人がたくさん出てきます。そうするとネットに流れている間違った情報に騙される人も多くなりますよね。

これは、トータルではマイナスの方が大きいのではないですか。メディアも弱体化し、ネットでは嘘が蔓延しているとなれば、より正しい情報は伝わりにくくなる。言論空間全体でみると、何か危うい方向に向かっている気もします。

## 政治闘争に巻き込まれ敵認定

**髙橋**　よく既存メディアがネット上の情報を対象に「フェイクニュースや偽情報が蔓

延して危険だ」と言うけれども、原さんに対する毎日新聞の報道を見れば、「ファクトチェックは新聞の仕事」なんてどの口が言うのか、と思いますよ。

**原** それは全くそうなんです。毎日新聞のサイトがファクトチェックコーナーを特設していたので見てみたら、〈外務省も採用「銀ぶら＝銀座でブラジルコーヒー」説は誤り〉（２０２２年3月20日付）とか、〈「昆虫食？」ＳＮＳで拡散「エビフライ原材料にバッタ」は誤り〉（２０２３年4月13日付）とか、本当につまらないものばかり。他にやることがあるだろう、そもそも自社の報道の検証が急務だろうと思うのですが。

書いている本人や興味のある人にとってはつまらなくないのかもしれないけれど、世の中にとって大した影響のない話題ばかりやっているんです。そんなことよりも、自分たちの記事がおかしいと訴えられているんだから、こちらの主張を掲載し、反論するなら公正に議論を交わせるような場を提供することこそ、本来やるべきファクトチェックだと思います。

日本新聞協会が出している綱領でも、反論に対して機会を与えるべきだと書いてあるんですよ。毎日のファクトチェックページにも、冒頭に〈「非党派性・公正性」などの国際的原則のもと、社会に広がる情報が事実かどうかを調べ、正確な情報を読者に伝えます〉と掲げています。

**髙橋**　もちろん彼らには彼らなりの正義感はあるとは思いますけれども。毎日の記者だって、原さん個人に私怨を抱いて貶めようとしたのではなく、「悪いことをしているやつだ」と思い込んだんでしょうね。

**原**　それはそうです。個人的にはまったく知らない記者ですし、私が1時間くらい取材を受けた後で、記者自身が「いや、原さんが悪いのではないことはわかりました」と言って帰って行ったんですから（笑）。それでも社に戻ってデスクか何かと相談した結果、「規制改革追及」調に仕立て上げなければならなくなり、私を悪者と印象付けるつくりにせざるを得なかったのかな、と。

**髙橋**　検察もだけれど、メディアも権力を笠に着て、組織的に相手に追い込みをかけるんですよね。やられた方はいい迷惑。

**原**　個人で話している時は「なるほど、原さんが悪くないことはわかりました」と言って帰るんだけれど、社に戻ると「やっぱり悪いやつだ」と、頭が完全に元に戻ってしまう。あるいは組織に逆らえない。組織的にそういうストーリーになっているから、事実がどうであれ筋から外れないように記事を書け、紙面を構成しろと怒られるんでしょう。

個人の思い込みというよりも組織的な思い込みですよね。個人的にはそうは思っていなくても、組織がそうだと言えばそれに従うしかない。これは記者だけでなく役人の体質とも通じるところがあるし、野党議員にもあるのかもしれません。

**髙橋**　原さんの場合なんて、何にも内容がないのに何日間も一面トップを飾ったわけで、とても記者一人の一存でできることではない。組織的な判断ですよね。

**原**　前章で官民人材交流センターが潰された話をしましたが、この議論の際に麻生太郎さんが「どうせこんなのは、竹中の小遣い稼ぎなんだろ」と言ったんですね。竹中さんがパソナにいたから「人材派遣が流行れば会社が儲かる」という文脈だったんだろうけれど、これは麻生さんご自身がそう考えたというよりは、誰かから吹き込まれたんだろうと思います。そういうストーリーを作って、何か怪しいぞと吹き込む。麻生さんのような老練な議員でもそれに左右されてしまうのかと驚きました。

**髙橋**　私も麻生さんにはものすごく攻撃されましたよ。郵政民営化に関する記者会見で、本来は事務次官が喋るところで説明が少し詰まったから助け舟として私が少し喋ったら、ものすごい勢いで怒られて、総務委員会に呼び出されました。おそらく「竹中の下にいる、こいつを潰せばいい」と総務省の役人が吹き込んだんでしょう。郵政民営化準備室に出向させられた時も、周りに座ったのがどれもこれも総務省のスパイみたいな人たちばっかりだったから、ほとんど役所にもいかなかったんですよね。

麻生太郎さんは財務省の親分で、総務省の親分でもあったんだけれど、竹中氏が来てバトルをして負けて、その後、菅義偉さんが総務大臣になって総務省の親分になった。で、私が菅にくっついたと思っているから、麻生さんからすると絶対に許せない。私自身は何か悪いことをしたという意識は全くないんだけれど、政治的なスタンスやポジションで敵認定されてしまうとこうなるのです。

原さんはかなりニュートラルで、権力闘争に巻き込まれていない感じがするけれども、どうですか。でも一部からは竹中一派にカウントされていそうですね。

**原**　そうですね。政治的かかわりは極力持たないようにしてきましたが、今回は毎日新聞のおかげで「改革で私腹を肥やす」一派に勝手に組み込まれてしまった格好です。

**髙橋**　本当に、政治は恐ろしいですよ。

しかも、今回の毎日新聞や森前議員との裁判では原さんが勝ったけれども、規制改革に関しては頓挫していて、結果的には仕掛けたほうが勝ったという面はありませんか。

**原**　最初にガセネタを流した疑いのある役所としては、大勝利でしょう。

**髙橋**　そうですよね。特区が開店休業状態になったというだけでも、想定以上の結果を得たことになりましたよね。

**原**　今、特区はほとんど何も動いていません。毎日の報道が出た時期は規制改革推進会議の方の委員もやっていて、電波オークションや放送改革も議論していましたが、すべて止まってしまいました。

**髙橋**　こうして俯瞰すれば、既存メディアのやることは、ネットのフェイクニュースなんかよりずっと悪質だと思いますね。

## 報道も「事故調査委員会」を

**原**　だからやっぱり、第四の権力と言われるメディアは、新聞であれテレビであれ、一定の責任を負わなければなりません。テレビに関しては総務省の監督を受けて一応、一定の規制がかかっていますが、新聞には何ら規制がない。所管省庁すらない稀な業界になっているんです。
　もちろん政府や行政府の監督を受けないこと自体はいいことかもしれないけれど、ならば問題が起きたときに検証を行ったり、自らを正すような、自浄能力や仕組みを持たなければならないはずです。

**髙橋**　放送局には自律機関としての放送倫理・番組向上機構（ＢＰＯ）があるけれど、新聞社にはない。これも変な感じがします。

**原**　そうですね。イギリスには新聞や雑誌についても検証組織があるのですが、日本にはそういうものがない。おかしいと思いますね。

**髙橋**　放送は公共の電波を使っているからということになるんだろうけれど、新聞だって軽減税率の対象になったりしていますから、公共の存在に近いと思います。

**原**　自分たちのことを「社会の公器」だなんて言う以上は、責任を果たしてもらいたいのは確かです。

**髙橋**　ＢＰＯは自浄作用がないと言われて久しいものの、一応はそれなりの形は整っているんだから、新聞もやるべきじゃない？

**原**　気をつけないといけないのは、単に自分たちの報道を是認するだけの第三者機関になりかねない点です。それがもっともらしい、権威ある機関になると最悪なので、そこは慎重に考えていただく必要があります。

一つ考えているのは、新聞の一面でも、二面でもいいので、誰でも反論できるような場所をプラットフォームとして開放してもらいたいということです。もちろん、今は新聞に掲載するよりもネットで公開する方が見る人は多いのでしょうが、やはり今でも「紙面掲載」の方が信憑性が高いと感じる人が多いですから。テレビについても、サブチャンネルが使えるのだから誰でも反論ができる、異論を主張できるようにできないものかと思いますね。

少なくとも最低限、やはり私に対する虚報のような「事故」が起きたときに、事故調査はやってもらわなければいけない。航空事故だったら運輸安全委員会が設置されるように、報道調査委員会を作ってもらわないといけないでしょう。原因究明と再発防止策を出すことは、最低限必要だと思います。この問題を解決しないと、私が4年半、赤字を出しながら毎日新聞と戦った意味がなくなってしまうので、何とかしたいのです。

## ヤフーの権力

**髙橋**　新聞については各国と比較しても、やっぱり自浄能力や自律性を自分たちだけで持つのは難しいと思います。株主がまともじゃないときちんとした運営ができないものですが、日本の場合、新聞社はどこも上場していないし、株主がいない。創業家やオーナー会社、テレビ局が持っているケースが多いんです。だから株主代表訴訟みたいなことも起こらないし、株主への説明責任もない。朝日新聞の場合は従業員持株会が筆頭株主で、創業家や創業家が理事長を務める美術館、テレビ朝日が持っている状態です。これじゃあ自浄作用が働くわけがない。しかもどの新聞社もテレビ局と関係会社の間柄にある。こんなの日本の新聞社だけですよ。

会社法の中に「日刊新聞紙の発行を目的とする株式会社の株式の譲渡の制限等に関する法律（日刊新聞法）」というのがありますが、ここで新聞社の株に譲渡制限が認められています。これは「究極の既得権」で、譲渡制限があってオーナーが変わりえない以上は、新聞社がコーポレート・ガバナンスの効かない組織となっているというしかない。日経新聞なんかはよく企業のニュースを扱って「コーポレート・ガバナンスが重要だ」なんて書いているけれども、一番それが欠けているのが実は新聞社。

笑っちゃうよね。

**原**　外部からのガバナンスの仕組みや競争環境の構築が重要です。新聞とテレビが一体になっているということだけでも、ありえない仕組みですから、サッサと解消しないといけない。新聞社同士での批判や議論の応酬もほとんどありません。これもお互いに批判しないという〝習わし〟によるものですよね。権力監視という崇高な役目を帯びているから許されているんだという立て付けになっているけれど、第四の権力に対しては何の監視もチェックも働かない、ガバナンスも効かないという状態でいいのか、と。

もちろん既存メディア、オールドメディアの組織だけではなくて、ネット上の発信であっても一定の権力を持つところは出てきます。この章の冒頭でも話したように、ヤフーニュースが転載して何百万人もの人が記事を目にする場合に、転載元の新聞社だけに責任があるのかという話です。何をどう転載するかはヤフーに責任がある以上、やはりそこには一定の権力性が生じるわけです。そこの責任は問わないままでいいのかという話です。

「髙橋洋一チャンネル」だって100万人の登録者がいるとなれば、これは一つの権力になり得ますよ。

**髙橋**　何で私が権力なの（笑）。でも私はおカネも取らずにフェアにやっているつもりですが、そうじゃないところや人も出てくるでしょうね。

**原**　今は髙橋さんも真面目なことを言っているけれど、どこかで気が変わったりするかもしれませんよね。「１００万人がついてくる」と視聴者数を背景に万能感が生まれたり、ありもしないストーリーを作って誰かを陥れたり、何かのために世の中を混乱させてやろうと思ったらできてしまうんですよ（笑）。

**髙橋**　毎日新聞は数がなくてもできていますからね。でもそれをやるインセンティブが全くない（笑）。毎日、日経新聞を筆頭に間違ったニュースについて、「これは間違っています」というだけでビジネスになるんだから。いろいろな分野の専門家が、新聞記事の何がどう間違っているかを毎日、指摘すればいいんじゃないかと思うんですよ。

もちろん、新聞は嘘ばかりが目立ちますが、実際には正しい情報もあります。間違っているところだけが指摘されるから目立つわけですね。

ネットでは変な罵詈雑言（ばりぞうごん）や悪口で儲けている人もいるようだけれど、これは品がないし、長期的に見ると私はこういうビジネスは厳しいんじゃないかと思います。インチキの増幅というのは長い目で見ると成り立たない。

**原**　みんなが髙橋さんみたいな人ならいいですけれども、そうではないですよ。法整備を行うかどうかは別として、問題が生じたときに何らかの責任を負う仕組みが必要でしょう。

## 詐欺広告には規制が必要

**髙橋**　それでいうと、最近ちょっと不愉快なのは、私のなりすましアカウントが出ているのです。AIで私の動画を作って、本人が言ってもいないことを喋らせてネットに流している人がいるんですよ。あれは危険だと思います。投資詐欺など、ああいうものが広がってくるとすれば、法整備やAI規制が必要になるかもしれない。今、SNS上は詐欺の無法地帯と化しています。その点では確かに玉石混淆の「石」も多いですね。

私が株を奨めたりする動画や広告が流されて非常に危険なので、各SNSには投資詐欺アカウントだと通知し、削除するよう伝えました。著名人で同じように広告を流されている人たちが、ＳＮＳプラットフォームであるフェイスブックを運営するメタ社に対応を求めると、「世界中の膨大な数の広告を審査することには課題も伴います」「社会全体でのアプローチが重要だと考えます」と開き直りとも取れる返答だったそうです。

私も代理人の弁護士を通じて、広告を出しているのは本人ではないとメタに申し立てましたが、同様の回答でしたね。フェイスブックは何のおとがめもなしでこれを流し続けている。勝手に使われている方はお手上げ状態です。

それどころか、防衛のために投資関連のビジネスを抑制せざるを得ず、弁護士費用などと合わせて多額の損失を被っています。

**原**　プラットフォームとしてのフェイスブックの対応は悪質ですから、法的に争ってみる余地は十分あると思いますよ。一応、総務省の所管ではあると思います。消費者庁もかかわるから対応したらと23年秋頃に言ったことはありますが、動きは鈍かったですね。

**髙橋**　「ＺＯＺＯ」の創業者である前澤友作さんがメタと、その日本法人に1円の損害賠償と自身の偽広告の差し止めを求めて提訴しましたね。

海外では、2022年3月にオーストラリア競争・消費者委員会が、同国の有名人を使って詐欺広告を公開し、虚偽、誤解を招くまたは欺瞞的な行為を行ったとして、メタ社を連邦裁判所に訴えています。日本もこれくらいやってほしいですけれども。

**原**　さすがに詐欺の被害者も訴えましたね。被害者の男女4人が4月末に、偽広告を放置したとして、メタの日本法人を相手取り、損害賠償を求める訴訟を起こしました。

**高橋**　これはもう社会問題だと思う。堀江貴文さんもよく詐欺広告に使われているんだけれど、彼は割り切っていて「騙される方が悪い」と言っていますが（笑）、私はさすがにそこまで言う勇気はない。

**原**　「騙される方が悪い」面は否定しきれませんが、フェイスブックは広告掲載料を取っているはずなので、悪質な広告を流して自分たちも儲けていることになります。ですから許されないと思いますよ。

**高橋**　外資企業だから、日本法人もほとんど動かない。戦うのも大変ですよ。LINEはそのあたり、メタよりきちんと対応している方でしたけれども、最近はイマイチです。

こういうこともあるので、原さんの言うネットの「陰」の問題に対する指摘については正しいと思います。勝手に肖像を使われているという点で、私も被害者だから。

## 免責特権を改革せよ

**原**　最後に、政治改革について触れておきましょう。まずは私に対する毎日新聞の虚報の絡みで、国会にある問題が明るみに出ました。第1章でも述べた通り、国会には免責特権があって、議員が国会内で何を言っても、それについて裁判で争うことが認められていません。

**髙橋**　これまでは、そもそも議員は「選良」であって名誉棄損になり得るようなことを言わないはずだ、という前提があったのでしょうね。近年は週刊誌報道で「大臣、本当ですか？」なんて平気でやります。

**原**　そのやりとりがすべて残ってしまうわけですから、そんなことを許していたら国会議事録が三流ゴシップメディア化してしまいますよ。

それだけではありません。１９８５年には、ある国会議員が国会答弁で札幌市内の病院長に対する誹謗中傷を行って、翌日に病院長が自殺するという事件がありました。「破廉恥な行為をした」「薬物を常用した」などの発言で、遺族は「議員が調査もせず、事実無根の発言をした」として議員個人と国を訴えました。最高裁まで争われましたが、原告敗訴で終わりました。

**髙橋**　免責特権の壁ですね。

**原**　これがあったからこそ、私も国会での森議員の発言を訴えることは断念せざるを得ませんでした。ですから私はまず、２０１９年に請願を提出しました。〈国会議員による不当な人権侵害（森ゆうこ参議院議員の懲罰と更なる対策の検討）に関する請願〉です。

〈憲法第五十一条では、「両議院の議員は、議院で行つた演説、討論又は表決について、院外で責任を問はれない」とされている。

しかし、だからと言って、誤った報道に安易に依拠した名誉毀損など、国会議員による不当な人権侵害は許されるべきでない。森ゆうこ議員は、十月十五日の参議院予算委員会で、原英史国家戦略特区ワーキンググループ座長代理が不正行為をしたかのような発言を繰り返した上、「（原氏が）国家公務員だったらあっせん利得、収賄で刑罰を受ける（行為をした）」、すなわち「原氏が財産上の利益を得た」との事実無根の虚偽発言をした。

森ゆうこ議員は、発言の根拠として六月十一日の毎日新聞一面記事をパネル化して提示・配付した。しかし、この記事が虚偽報道であることは、原氏本人が根拠を挙げて繰り返し説明している。原氏は毎日新聞社に対して名誉毀損訴訟を提起しており、訴訟の中で毎日新聞社は「原氏が金銭を受け取ったとは報じていない」と弁明していることも既に明らかにされている。その状況下で、森ゆうこ議員がＮＨＫ中継入りの予算委員会において、十分な事実関係の調査もなしに、何ら根拠のない誹謗（ひぼう）中傷を行ったことは、許されるべきでない人権侵害である。

また、十一月七日の質疑で森議員が配付した資料には原氏の自宅住所が無断で掲載され、しかも、森議員は質疑後、そのまま自らのホームページで公開し、ツイッターで拡散した。（抗議書送付の後、八日夕方、住所情報は黒塗りして再公開されている。）他人の住所情報を無断で一般に広く公開・拡散することは、法的にも常識的にもあり得ない人権侵害である。

ついては、次の事項について実現を図られたい。

一、森ゆうこ参議院議員に対し、除名などの懲罰を検討すること。

二、あわせて、こうした事案の再発防止のため、更なる対策を国会において検討すること。〉（第200回国会　請願の要旨）

しかし、この請願は当時、国会における全会一致慣行に阻まれて握りつぶされました。請願の採択は、どういうわけだか全会一致でないとなされないことになっています。本件では、森前議員の所属する政党が賛成するわけがなく、採択に至らなかったわけです。

それから4年半を経て、今年（2024年）の通常国会で、再度国会への要請を行っています。森さんの発言のもとになっていた毎日新聞記事が虚偽報道だったと裁判で確定し、それでもなお、議事録がそのまま残っているからです。これは、さすがにありえない状態でしょう。森さんの発言を削除するか、もしくは「裁判でも虚報であることが確定している記事の内容を基に発言したものである」と明記してもらいたい。

そういうことで要請を行っていますが、残念ながら、五月末時点では黙殺されています。このまま対応してもらえないならば、仕方がないので、国家賠償請求訴訟を起こします。国会議事録がこの先、何百年残るか分かりませんが、後々の私の子孫が読んだ時に「うちの先祖は改革の名をかたってこんな悪いことをしていたのか」と思うようでは困るわけです。これは明確な人権侵害です。

本当は国賠訴訟なんてやりたくないし、国からお金をもらってもしょうがないんだけれど、対応してもらえない以上、他に手がないんです。

**髙橋**　時々、「国会議事録の一部を修正」とか「発言を削除」って報じられるじゃないですか。つまり、議事録の削除は、議員本人が言えば認められるケースが多いのです。森ゆうこ前議員が裁判に負けて「すみませんでした」と言うなら「議事録の修正もお願いします」と依頼できるし、それで手を打つということもあり得るでしょう。でも連絡もしてこない、となると、議事録の削除も難しくなるんでしょうね。

**原**　一応、本人の了承がなくても議事録を削除できるらしいんですが、全く動きがありません。議事録の削除はもちろんですが、裁判に至る前にこういう議論ができる場も必要だと思います。国会質問検証委員会というのを、国会の委員会内に作ってほしいものです。免責特権の改革試案については、別図（図4、「免責特権」改革試案、『正論』２０２２（令和４）年5月号掲載）にまとめたので、国会で大いに議論してもらいたいと思っています。

## 「免責特権」改革試案

### 1　異議申立て手続きの創設

- 国会において事実に反する発言がなされ、個人・法人の信用毀損、地域の風評被害などが生じた場合、当事者が異議申立てを行い、国会における検証を求める手続きを設ける。
- 対象は「事実に反する」場合に限り、意見の当不当は対象としない。

### 2　「国会発言検証委員会」（仮称）の設置

- 国会に「発言検証委員会」(仮称)を設け、異議申立てのなされた発言を検証する。委員会は、国会議員以外の独立性の高い法曹関係者等を中心に構成する（原発事故に関して設けられた「国会事故調」に類似する）。
- 委員会では、民事の名誉毀損訴訟に準ずる方式で、双方の主張を聞き、証拠に基づき客観的・中立的に検証を行う。

### 3　委員会での検証、それに基づく対処

「国会発言検証委員会」では以下の点（○部分）を検証して公表する。検証に基づき、以下（▶部分）に記載する対処を行う。

発言内容が
○A「事実と認められない（明らかに事実に反する、または、事実に反するとの断定まではできないが事実と認める根拠は不十分）」か
B「事実と認められる」のいずれかを検証する。

なお、事実がないことの証明はいわゆる悪魔の証明になりがちなため、異議申立者に「事実に反する」ことの立証責任を負わせるのではなく、発言した議員に「事実である」ことの立証を求める。

**Aと認定された場合**

▶ 国会議事録の該当部分にその旨を付記するなど、発言による損害が広がらないための措置を講ずる。
○ さらに、発言した議員の責任（落ち度や悪質性）の程度を検証する。
▶ 検証結果を踏まえ、別途懲罰委員会で審議し、当該議員に対し必要に応じ懲罰（公開議場での陳謝、登院停止等）を科す。
○ 議員の責任程度が重く、免責特権による保護に値しない、さらに（国賠法上の）国会議員としての職務の範囲を逸脱すると考えられる場合、その旨を表明する。
▶ その先は司法の判断だが、国会外で民事訴訟や刑事訴訟で争う可能性を拓く。

### 4　その他

- 政治目的等で異議申立て手続きが濫用されることを防ぐ措置を講じる。例えば、主張の根拠が薄弱だった場合には相当額のペナルティ（経費請求）を科すなど。
- 免責特権による保護等に限界があることを明確にするため、憲法改正の可能性等についても併せて議論する。

図4　「免責特権」改革試案、『正論』2022（令和4）年5月号掲載

**髙橋**　議員も、自分たちの得点になることに対しては素早いけれど、そうじゃないことは何にもしないからなあ。政治資金の問題だって、つまるところそういうことですよね。

## 派閥は遅かれ早かれ復活する

**原**　政治改革の話として「政治とカネの問題」にも触れておきましょう。今回の自民党の政治資金問題は岸田さんが総裁として自民党内の派閥を解散したうえで清和会（安倍派）の幹部を中心に離党勧告や出馬時の非公認などの処分を下しました。しかし派閥解散は、いわば証拠隠滅でしかありません。安倍派は金額が大きく、人数が多いから目立っていますが、岸田派でもキックバックと不記載の問題は起きていたのですよね。当然、派閥会長だった岸田さんの責任は免れないはずなのに、派閥解散という話で証拠を隠滅し、これで禊（みそぎ）が済んだかのようにしてしまっています。

岸田さんは２０１２年に宏池会の会長になって以降、総理就任後も慣例に反して派閥の長を務めていましたが、２０２３年12月に辞め、派閥も離脱しました。政治資金問題が発覚してから会長を辞め、派閥を離脱した岸田さんが、なぜ解散を命じられるのかという矛盾があります。となると、実際には偽装離脱だったのではないですか。解散も偽装なのではないかと疑われても仕方ありません。

**髙橋**　派閥大好き、宏池会大好きな岸田さんは慣例を捻じ曲げてまで派閥の長に座っていたのに、泥船から逃げるかのように派閥の長をやめ、派閥を離脱して、その後での「派閥解消」指示でしょう。今になって「派閥禁止」と言ったって、ねえ。

前の章でも触れたように、これは権力闘争であって、財務省もからんで安倍派の力を削ぐという話だと私は思います。麻生さんは派閥解消に怒ったふりをしているけれど、あれはポーズであって、本当に怒っているならメディアに悟られるような怒り方はしませんよ（笑）。そして派閥は遅かれ早かれ復活しますよ。

**原**　私は制度・規制改革学会で政治改革の提言をしていますが、今回のような裏金問題、パーティー券の問題、派閥などという問題はあくまでも表に出てきた表層的なものでしかありません。ここだけをどうにかしようというのでは、あまりに話が小さすぎるのではないか、という話をしています。

確かに裏金だとすれば問題ですが、「どう裏金をなくすか」「外部監査を入れろ」という出口の話ばかりしていても意味がない。なぜ議員は裏金が必要なのかという入り口の問題にまで踏み込んで考える必要があります。結局、政治の世界が「カネがあればのし上がれる仕組みになっている」から変わりようがないのです。

資金をたくさん集めて、子分の政治家にお金を配り、それを地元の地方議員に選挙時の応援や協力の実質的な見返りとして配る。それによって政治のパワーを高めることで、選挙が有利になり、党内でも有力議員になる。いずれは総裁候補として担いでもらえる。この仕組み自体に問題がある。「裏金止めましょう」「連座制を適用しましょう」「そうすれば裏金もなくなるでしょう」と、そういう話では全然ない。

**髙橋**　そうそう、政治家は誰でもカネを使ってのし上がってくる。「ここだけの話ですよ」と言ってお金を渡してシンパを増やしているのでしょう。人間が何でなびくかと言ったら、結局、カネなのです。

**原**　いわゆる「政治とカネ」の問題はこれまでも何度も問われてきています。政治家個人への企業団体献金を廃止しても、政党支部への寄付や、政治家個人の資金管理団体や政治団体に対してはパーティー券購入という形で事実上の献金ができるというように、抜け道をいくらでも作ってきました。

根本的には「元のところを断たねば解決しない」と私は提言しています。元のところ、とはつまり「カネがものをいう政治」「カネがかかる政治」です。これを政策本位の政治に変えなければなりません。

## 政治資金管理団体に課税すればいい

**髙橋**　本当にその通りなんだけれど、所詮、最後はカネになっちゃうんですよね。私はそういうところは割り切っているけれど（笑）。だからカネを集めるのはいいけれど、誰からいくら集めたかは分かるようにしておけばよいと思います。それなら「誰の差し金で動いているか」も分かるでしょう。だから私は現状肯定派で、「どこからきてどこへ行ったか」をはっきりわかるようにしておけばいいという考えです。

税金の面から言うと、へんちくりんなのは今回、裏金が発覚して事務所が慌てて政治資金収支報告書の修正申告をしているでしょう。本来、政治団体は法人格を与えられているから、課税所得になるはずなのです。課税所得になるのが嫌だから政治資金にするために慌てて修正申告をして、非課税にしている。あれが許されるのは理解不能ですよ。民間だったら、修正申告したら非課税なんて、それはないでしょうという話なのです。

**原**　確かに「政治活動は崇高なものだから原則非課税」という発想から切り替える必要があります。

**髙橋**　結局、裏金問題が党内の権力闘争や、財務省の権力強化に使われてしまうだけですよね。政治団体に法人格を与えているから「裏金も４００万円までは立件しない」ことになっていて、バレたら修正申告で非課税。財務省はもちろんこういうことをよく知っているから、非課税ということにおいておくことで、いざという時の生殺与奪の権を握っておくわけです。「これは課税所得だぞ！　脱税だ！」と大騒ぎしてもいいんだけれど、それは絶対にやらない。寸止めにしておいて政治家の弱みを握っておくことで、貸しを作るのが彼らのやり方です。

政治資金問題で問われている安倍派の方も、もしそれを持ち出されたら困るからシュンとなっちゃって、政治倫理審査会（政倫審）に出たうえに離党勧告だ、選挙時の非公認だという処分を甘んじて受け入れざるを得なくなっています。これはもう勝負あったという感じですよね。

**原**　さすがに、政治団体にカネを移しておけばＯＫというのは最低限、変えるべきだと思います。

**髙橋**　税法の問題ですね。一応の法人格がある政治資金団体は非課税。議員が法律を作っている以上、ここは変えないでしょうね（笑）。

**原**　考えてみたらおかしいんですよ。「政治とは麗しい活動なのだから、税金はかかりません」って。

**髙橋**　政治資金管理団体はほとんどダミー組織だから、法人格否認ということで、個人の所得に対する課税を行ってもいいと思うんですけれどもね。でも「政治資金管理団体は非課税」と明文の規定がある以上、これをひっくり返すのは大変だと思います。やるべきだとは思うけれど。

**原**　制度・規制改革学会の提言ではそこにも触れていて、「政治活動であっても原則課税対象にすべき」と提言しています。

**髙橋**　それが一番簡単ですからね。

**原**　そうすれば少なくとも、「収支報告書に未記載の収入がありましたが、きちんと処理したので税金はかかりません」というようなインチキはなくなります。

**髙橋**　焦って修正申告しまくっているけれど、収入は簡単に修正できても支出はそうはいかないから、いきなり繰越金になっちゃって大変なことになっているよ。

**原**　急に数千万円の支出が出てくるわけがないんだから、当然ですよね。

**髙橋**　二階俊博前幹事長なんて、３５００万円分も書籍を購入したことになっていたけれど、そういう風にするか、繰越金にするしかないですから。修正申告を見ると面白くて、入りはみんなきちんとやっているんだけれども、出はつじつまが合わないから繰越金になっていますね。

いずれにしてもすべて課税にしておけば、政治家が政治団体に財産を移して相続税を逃れるというような手法も全部できなくなるので、スッキリしますね。

## 政治資金問題で取りうる二つの方策

**原**　髙橋さんに伺いたかったのは、政治資金パーティーのことなのですが、自民党は「派閥のパーティーは今後一切、禁止する」と言っていますよね。しかしそれを禁じたところで、また抜け道ができるんじゃないかと私などは言っているんですが。

例えば、パーティー券の代わりに機関誌を作って企業に１０００冊持って行き、まとめて買ってもらう。その場合、これは事業収入になると思うんですが、これも特例で非課税になっていますよね。

**髙橋**　そう。パーティー券は実際にパーティーをやらなくても売れるわけです。これからは「パーティーではない、勉強会、セミナーだ」といって券を売る人もいるんじゃないの。

**原**　髙橋さんがやっているみたいにユーチューブチャンネルを議員が持って、有料登録制にして資金集めの手段にするということもあり得ますよね。結局、いろいろな抜け穴が考えられるのではないでしょうか。

**髙橋**　私がやっているユーチューブは無料で見られるようにしていますが、再生回数が多いから広告収入だけでスタッフの経費をペイできています。でも議員だったら、サロン形式にして有料会員登録を募って資金を集めることは可能でしょう。「パーティー券を売っているのではない。あくまでサブスクのサービスの対価を集めているだけ」と。

**原**　オンラインにすれば会場も借りなくていいから利益率も上がりますよね。これからはオンラインサロン形式が流行るかもしれません。

**髙橋**　分かっている人はもうやり始めていて、私もゲストとして呼ばれて謝礼をもらったりしていますよ。チャンネル登録者が多いから、私が出ていくと再生回数も登録者数も増えるのでしょう。いわば、政治資金集めのダシに使われている。

今聞こえてきているものの中には、自民党の党本部内でセミナーをやる名目でお金を集めればいいという話がありますね。会場費はかからないし、食事も出さない。オンラインにしたらもっと楽だけど。

これは政治家個人のファンなり、利害関係がある人がお金を出しているからまだ納得がいくと思うけれども、政党助成金は税金だから、否応なく出させられていることになります。政治資金の不正をなくすには、献金の方も金額に関係なく「誰がいくら出したか明確にする」手もあるよね。

**原**　そこにはおそらく選択肢が二つあると思います。一つは、今のような形でとにかく自力でお金を政党が集めるという方法。アメリカ大統領選を見ても分かるように、政治家の陣営が自力で何億円というお金を集めています。そして、誰がいくら出したかはすべて透明にするという方法です。

もう一つは、政党助成金と小口個人献金で賄う方法。今のように、特定の人から厚くお金を集めると、その業界が優遇され、規制も緩和されないという問題があります。例えば医師会の献金額が大きければ、当然、政治への口出しも多くなる。「お金だけ出して、口は出さない」ことはありませんから政策決定をゆがめることになります。

最近問題になったライドシェアの問題も、もう10年近く延々と議論してきたことですが、まだ実現しない。なぜかと言えば、タクシー業界がパーティー券をたくさん買っていることが要因の一つです。労働組合もお金を出して、立憲民主党も反対に回るので解禁されない。それによって利用者の利便性は下がっているわけですが、一般の利用者はまとまってパーティー券を買うようなことをしないから、政策決定の中で利用者の利害が反映されにくいという状況になっています。

このように、お金を出した人が優先で政策決定がなされているという傾向があることを考えると、基本的にできるだけ広く薄くお金を負担する方向にシフトした方がいいのではないかとは思います。両方のやり方があるのではないかと思います。

**髙橋**　そうですね。前者の話だと、全額全部、明細を出すから「ああ、この議員は建設業界から大金をもらっているからこういうことを言うわけね」と有権者が判断して、それでも投票するかどうかを決める、と。はっきり言えば、ビジネスでも政治でも、大口顧客の言うことを聞かないという選択肢はないんですよ。当然、聞きますよね。だからその政治家が「大口顧客を優遇する」ことを国民が納得ずくで判断する、色がついていることを分かったうえで割り切って判断するという方法にするのが前者ですね。

## 政治改革の機運はチャンス

**原**　アメリカの場合はこのタイプですよね。一方、後者の話はフランスが近い制度を取っています。１９９５年に憲法典の改正で企業献金（法人献金）が禁止され、政党助成金が政党の資金の柱になっています。

少なくとも今の日本の仕組みは、実際にはパーティー券販売などで大口のカネを集めているけれど、20万円以下の非公表が許されている小口の額に分けているので、どこがいくら献金したかがわからない。さらに巨額の献金があっても、政治団体の名前にしてあって、実際は医師会でも別の団体が献金したかのように記載されている。

そういうわけで、一般の人が見ても、誰がどこへいくら出したのかがわかりづらい形態になっています。

これらを変えて透明性を高めるのは最低限必要ですが、その先の道として、どういう手法があり得るかはきちんと議論しておかなければならない。政治改革の話をするなら、この問題は避けては通れないと思います。

**髙橋**　前者の方法を取るなら、有権者も賢くならないといけないですよね。

メディアが「この議員は○×製薬からいくらもらっている」と報じたときに、有権者はそれだけで直ちに悪事を働いたかのように判断せず、どう割り切るかという判断が大事になります。政治だけでなく国民意識も転換しないといけませんね。

**原**　カネの問題でクローズアップされましたが、政治改革が争点になっているのはチャンスではあると思うんです。ちゃんとした総理大臣を選べるような政策本位の政治にしましょうという議論に展開することができれば、大きなチャンスにはなり得ると思うんです。

そのためにも、本書を通じて問題を指摘してきたメディア・役人・野党のスクラムを一刻も早く断ち切らなければなりません。

# おわりに――原英史

## **訴訟を終えて**

毎日新聞のデタラメな記事が出たのは2019年6月11日でした。その後も毎日新聞は連日、一面トップで私の「悪事」を報じました。数日後に森ゆうこ・前議員らにより野党合同ヒアリングが結成され、国会での誹謗中傷も始まりました。当時の出来事は今も鮮明に覚えていますが、本当にひどい目にあいました。

それからもう5年が経ちました。長い時間がかかりましたが、毎日新聞と国会議員らを相手取った訴訟は、ようやくすべて勝訴で終えることができました。

振り返れば、よく勝てたなと思います。毎日新聞は、部数が減少中とはいえ全国紙の大新聞です。森・前議員は、政権追及でいつも大活躍する野党のエースの一人でした。これに対し、私は何の後ろ盾もない一私人です。いくら理はこちらにあるとはいっても、客観的には蟻が象に挑むような戦いでした。

しかも、争ってみて身に染みてわかったことですが、戦いのルールはマスコミや国会議員に極めて有利なのです。相手は両手を使えるが、こちらは片手しか使えないハンディキャップ戦のようなものでした。

例えばマスコミは、訴訟において、報じた内容が「真実だった」と立証する必要はありません。「それなりに取材して、真実だと信じる理由があった」と立証できれば、報じた側の勝ちになります。これは専門用語で「真実相当性」といいます。また、「そんなことは書いていない」という言い逃れも簡単に認められます。このため、私は毎日新聞との訴訟では、こんな事実無根の記事であるにもかかわらず大苦戦し、一審は敗訴したぐらいでした。

国会議員はさらに有利です。名誉毀損が国会内でなされる限り、憲法上の免責特権があります。いわばリング内では相手だけが一方的に攻撃を許され、たまたま勢い余ってリングから飛び出たときだけこちらも反撃できるという、異常なルールです。

こんなルールのもとでなんとか勝訴にたどりついても、なお大問題があります。得られる賠償金はごくわずかなのです。米国の名誉毀損訴訟では100億円を超える賠償額の判決もありますが、日本では決してありません。私の訴訟では、毎日新聞は220万円、森・前議員は34万円でした。これでも日本の訴訟実務では「十分高額」と評価される額です。払う側にとっては、痛くもかゆくもなかったことでしょう。

こんな仕組みなので、マスコミも野党も、デタラメな言論を平気でまきちらすわけです。

## マスコミと野党が日本を衰退させる

毎日新聞や国会議員を相手に訴訟を起こしたのは、私個人の名誉回復という以上に、マスコミと野党がやりたい放題の異常な言論空間を是正しないといけない、と考えたためです。

マスコミと野党はそれぞれ、本書のタイトルでもある「利権のトライアングル」の一角です。対談の中でもお話ししましたが、背景を少し補足しておきましょう。

まず、利権のトライアングルとして、伝統的には、〈利権勢力〉〈族議員〉〈役所〉で構成される、いわゆる「鉄のトライアングル」がありました。日本では特に役所が強いこともあって抜群の機能を発揮し、さまざまな分野で利権を守り、改革を強力に阻んできました。何十年も前から「こんな規制はおかしい」と指摘されながら、岩盤のように堅く動かない規制を「岩盤規制」と呼びますが、こうした古き仕組みが各所に残り、経済社会の発展を阻害してきました。日本が貧しい国へと徐々に転落してきた大きな要因は、「鉄のトライアングル」でした。

これに挑んだのが小泉政権や安倍政権です。官邸主導で改革を進め、「鉄のトライアングル」を突破しようとしました。安倍政権で創設した「内閣人事局」もその一つです。これは髙橋さんと私が第一次安倍内閣の頃から手掛けたものですが、人事面での官邸主導を実現し、「鉄のトライアングル」そのものを潰そうという仕掛けでした。

改革政権のもとで、「鉄のトライアングル」は一時弱体化します。そこで利権勢力は、頼りにならない族議員などの代わりに、利権を守る新たな仕組みを編み出します。これが〈利権勢力〉〈マスコミ〉〈野党〉という新たなトライアングルで、私は「新・利権トライアングル」と呼んでいます。

「新・利権トライアングル」の最大の成功例は、対談でもお話ししたモリカケでした。マスコミと野党は、利権勢力の思惑どおり、デタラメな疑惑追及を延々と繰り返しました。デタラメでしたが、安倍政権に対する国民の不信を高めることには成功しました。一方、利権勢力は、改革の妨害に成功しました。加計学園を巡る事案では、本当は獣医学部の新設申請がさらに広く認められていくはずでしたが、結局、加計学園一校で終わりました。トライアングルの三者が、いずれも成功を収めたのです。

私に関する毎日新聞のデタラメ報道も、モリカケの延長でした。加計学園の事案をなぞるように、「国家戦略特区で不正な癒着」があると報じ、これに野党も乗っかりました。ただ、この事案では、毎日新聞と野党議員は、訴えられて負けることになりましたから、少なくとも大成功とはいえないでしょう。一方、最大の勝者は、訴訟で勝った私以上に、実は利権勢力でした。彼らにとっては、訴訟の勝敗などどうでもよく、ともかく国家戦略特区での改革を停滞させるという目的は完全に達成できたのです。

安倍政権の後半の数年は、旧来の「鉄のトライアングル」に代わって、「新・利権トライアングル」が機能しました。日本を衰退させる役割を引き継いだわけです。

## さらなる戦いへ

私は訴訟では勝ちましたが、当初の目的、つまり異常な言論空間の是正という目的はまだ達成できていません。

毎日新聞は、訴訟で負けても、何も反省している気配はありません。判決確定後の記事で「記事は概ね正しかった」ようにうそぶいているぐらいです。もちろん他のマスコミ各社も、「毎日新聞のケースを他山の石として、デタラメ報道をやめなければ」といった方向には全く向かっていません。

国会はさらにひどい状態です。私が犯罪行為を行ったというとんでもない誹謗中傷発言は、今もそのまま国会議事録に残されています。ネットで誰でも閲覧可能です。私は繰り返し修正を求めていますが、判決が確定したのちもいまだに対応してもらえません。まして、免責特権の濫用をいかに防ぐかといった再発防止の仕組みづくりは、何ら検討されていない状況です。

これでは、また同じようなことが繰り返されるでしょう。私にとっては、何のために長い時間をかけて割に合わない訴訟を戦ってきたのかわからない状態です。

このまま終わるわけにはいかないので、さらに戦いを続けます。マスコミに対しては当面、新聞版ＢＰＯの創設を求めます。また、国会に対しては、国家賠償訴訟を起こして、議事録を放置している不作為の責任を問い、議事録の修正と再発防止の仕組みづくりを求めていきます。本当はもうこれ以上訴訟などしたくはありませんが、これは、私自身のためではなく、日本の未来のための戦いなのです。

政策決定を巡る環境は、ますますおかしなことになっています。改革を推進する政権がなくなり、旧来の「鉄のトライアングル」が完全復活してきました。一方、「新・利権トライアングル」も維持されています。結果として、両者が重なり、「二重のトライアングル」になっている状態です。

対談の中でお話しした外国人労働が一例ですが、多くの分野の政策が、これまで以上にますます、利権勢力の思惑どおりに劣化しています。しかも、マスコミや野党からも強い批判は起きず、国民の多くが気づかないうちに、静かに劣化が進行しているのです。私の見立てでは、これは「二重のトライアングル」のもと、族議員も役所もマスコミも野党も、そろって利権勢力の味方になってしまっている結果です。

マスコミや野党も含め、政策に関わるプレイヤーを正常化しないといけません。対談した髙橋洋一さんとは、２００９年に株式会社政策工房を一緒に立ち上げて運営してきました。政策に関わるプレイヤーとして、私たちのような政策シンクタンクの役割も重要です。このままでは、日本はさらに衰退していくばかりです。日本を再び豊かにするため、戦いを続けていくつもりです。

2024年5月

原英史

本書は対談を元に構成しました。

**髙橋洋一**（たかはし・よういち）

株式会社政策工房会長、嘉悦大学教授。1955年、東京都生まれ。東京大学理学部数学科・経済学部経済学科卒業。博士（政策研究）。80年、大蔵省（現・財務省）入省。大蔵省理財局資金企画室長、プリンストン大学客員研究員、内閣府参事官（経済財政諮問会議特命室）、内閣参事官（首相官邸）などを歴任。小泉純一郎内閣・第１次安倍晋三内閣で経済政策のブレーンとして活躍。菅義偉内閣で内閣官房参与を務めた。『さらば財務省！』（講談社）で第17回山本七平賞受賞。
著書に『たった1つの図でわかる! 図解経済学入門』（あさ出版）、『マスコミと官僚の「無知」と「悪意」』『反アベノミクスという病』（産経新聞出版）など多数。2010年１月から夕刊フジで「『日本』の解き方」を好評連載中。

**原英史**（はら・えいじ）

株式会社政策工房代表取締役社長。通商産業省（現・経済産業省）入省後、中小企業庁制度審議室長、規制改革・行政改革担当大臣補佐官などを経て退職。2009年に株式会社政策工房を設立。第二次安倍晋三内閣では規制改革推進会議委員、国家戦略特区ワーキンググループ座長代理などを務めたほか、大阪府・市特別顧問、ＮＰＯ法人万年野党理事、外国人雇用協議会代表理事なども務める。『岩盤規制』（新潮新書）、『国家と官僚』（祥伝社新書）、など。髙橋洋一氏との共著に『国家の怠慢』（新潮新書）。

**利権のトライアングル**

令和６年６月24日　第１刷発行

著　　者　髙橋洋一　原英史
発 行 者　赤堀正卓
発 行 所　株式会社産経新聞出版
〒100-8077 東京都千代田区大手町1-7-2
産経新聞社８階
電話　03-3242-9930　FAX　03-3243-0573
発　　売　日本工業新聞社　電話　03-3243-0571（書籍営業）
印刷・製本　株式会社シナノ

© Takahashi Yoichi, Hara Eiji 2024, Printed in Japan
ISBN 978-4-8191-1436-3　C0095

定価はカバーに表示してあります。
乱丁・落丁本はお取替えいたします。
本書の無断転載を禁じます。